◎茅屋（B.C. 221）

香港青銅時代，大約相當於商朝至秦朝。據史籍記載，廣東一帶是古越族人所在的地區，所以一般相信香港出土的青銅文物，都是出自他們之手。

香港青銅時代的遺址遍佈南丫島、大嶼山、馬灣、赤鱲角及屯門等地。其中……跡……馬……。

未有紙筆之前，古人都是把字刻在龜甲之上的。這些甲骨文多數是象形文字，也是最早的中文字。右邊的是一些甲骨文數字，你能看出它們與現代中國數字相似之處嗎？

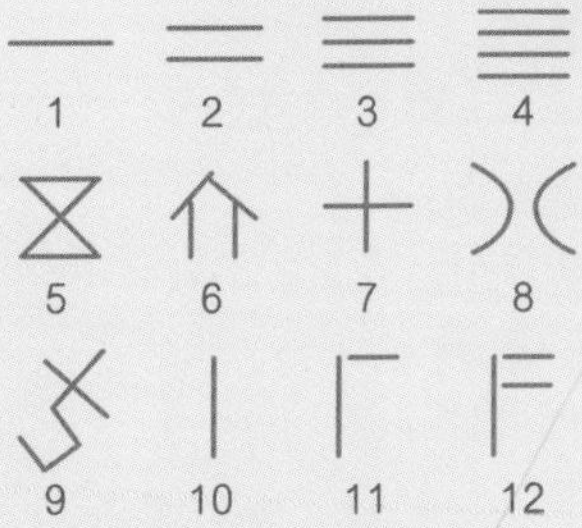

1
2
3
4
5
6
7
8
9
10
11
12

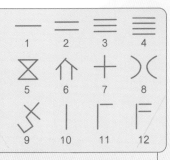

當時銅器的鑄造技術已經相當成熟，不單造型多樣，連銅器上的花紋也是精雕細琢。例如這個酒器「三節提梁卣」（卣音：有），是酒瓶的同時，還附帶可拆下來使用的酒杯，構造比現代的酒瓶還要精巧。

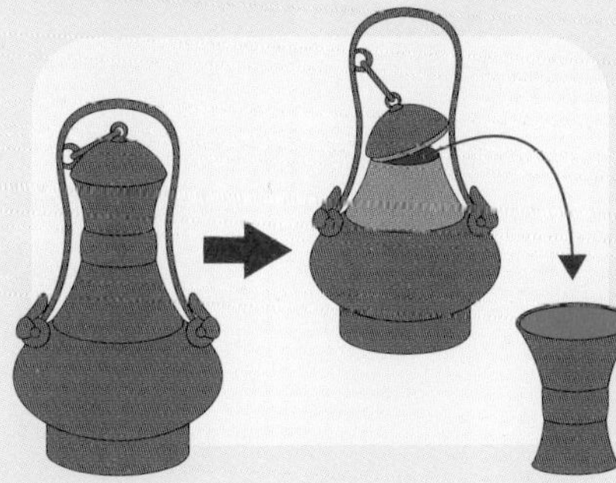

青銅時代的房子是以木架為基礎，再用草泥製作牆身，屋頂則用茅草覆蓋。這些茅草屋當時是有權貴人士才可入住，奴隸平民大多只住在地洞中。

秦漢以前，大家基本上都是席地而坐的，所以家具、桌子和床榻都很矮。較高身的，多數是祭祀用的器具，要求站立使用。

我會悔改的了。
好吧。就給你好一點的房子。

圍村（1600年代起）

香港圍村可以分成本地圍及客家圍兩種。

• 本地圍

圍村的起源可以追溯到明朝。因為當時海盜作惡頻繁，居民於是就在房子周圍興建城牆。本地圍各家擁有獨立的住房，建築講究整齊，有明顯的中軸線，並設有護城壕溝等防禦設施。

• 客家圍

1669年復界後，很多客家人遷入香港，並跟本地人發生械鬥。為了保護領地，客家人建造了不少圍村。與本地圍不同，客家圍是由多間房屋組成的屋群，屋的牆壁就是圍村的護牆。

客家人重視祭祖，故此圍村內的祠堂也是重中之重。以三棟屋為例，其祠堂位於圍村中央，並與中廳、前廳及入口連成一線，是整座房子的重心。

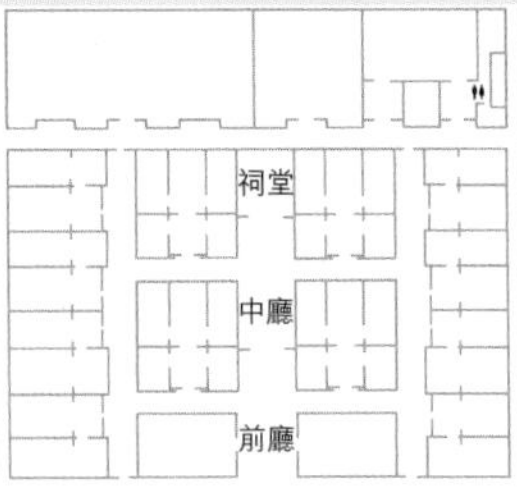

祠堂
中廳
前廳

當時的屋頂以青瓦製作，傾斜排列能防止雨水滲漏入屋，交疊鋪設亦能產生隔熱空間，令室內相對清涼。

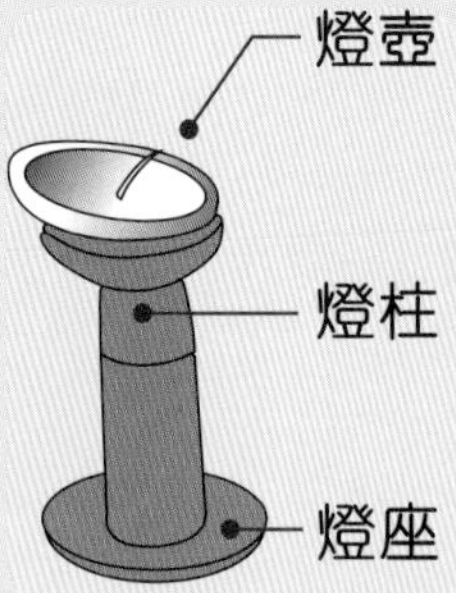

燈壺
燈柱
燈座

陶瓷油燈

在電力發展之前，除蠟燭外，陶瓷油燈亦是主要的照明工具。碗形的燈座能防止漏油，減少產生火災的機會。

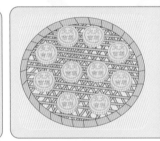

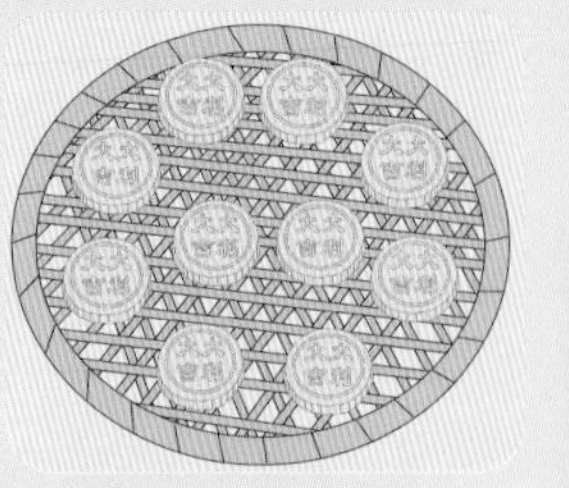

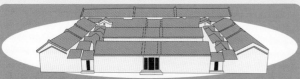

錦田的吉慶圍是香港保存得最完整的本地圍之一。當年清政府租借新界予英國時，村民曾經一度以吉慶圍為據點頑抗英軍。

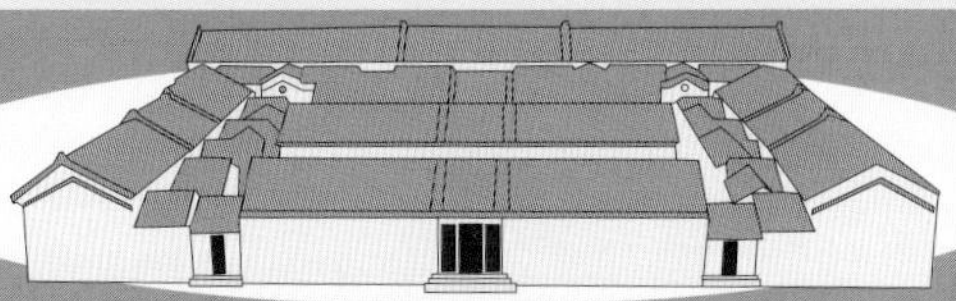

荃灣的三棟屋是典型的客家圍，最初因為三列房舍而名為「三棟屋」。但後人先後在村的兩旁及後面加建房舍，形成現貌。

小知識 遷海復界

為了斷絕反清勢力，清朝曾下達「遷海令」，逼令廣東一帶沿海居民遷入內陸。當時香港市民也要在三日內遷到現今東莞市。十年後遷海令被廢除，居民返回故鄉，即為「復界」。

閣樓

用於存放雜物的閣樓。當家中有女孩要出嫁時，便會跟一眾姊妹於閣樓上唱出多首哭嫁歌，辭別家人。

木枕

最初的睡床，其實只是在兩張長椅上，放上一塊厚木板。後來才改由木工特別雕製。與現在最不同的是，床邊會圍上蚊帳，防止睡覺時被蚊蟲騷擾。

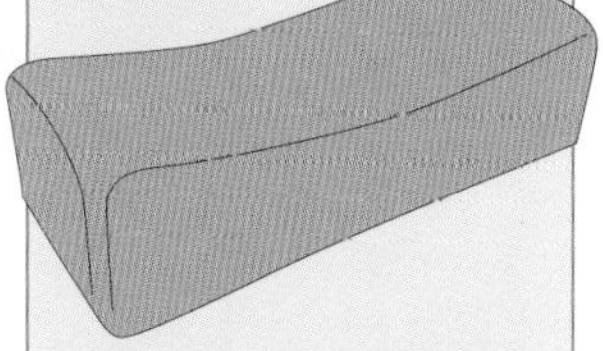

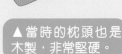

▲當時的枕頭也是木製，非常堅硬。

痰盂

囍

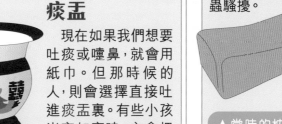

現在如果我們想要吐痰或擤鼻，就會用紙巾。但那時候的人，則會選擇直接吐進痰盂裏。有些小孩半夜如廁時，亦會把痰盂當作尿壺使用。

土灶

土灶是利用柴火煮食的地方。鐵鍋會直接嵌入土灶之中，想要蒸煮時則在上面放上竹隔及木桶。有時還得用竹筒吹火，才能讓火愈燒愈旺。

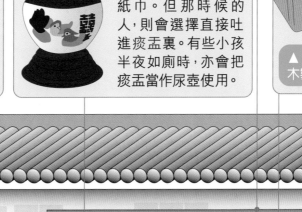

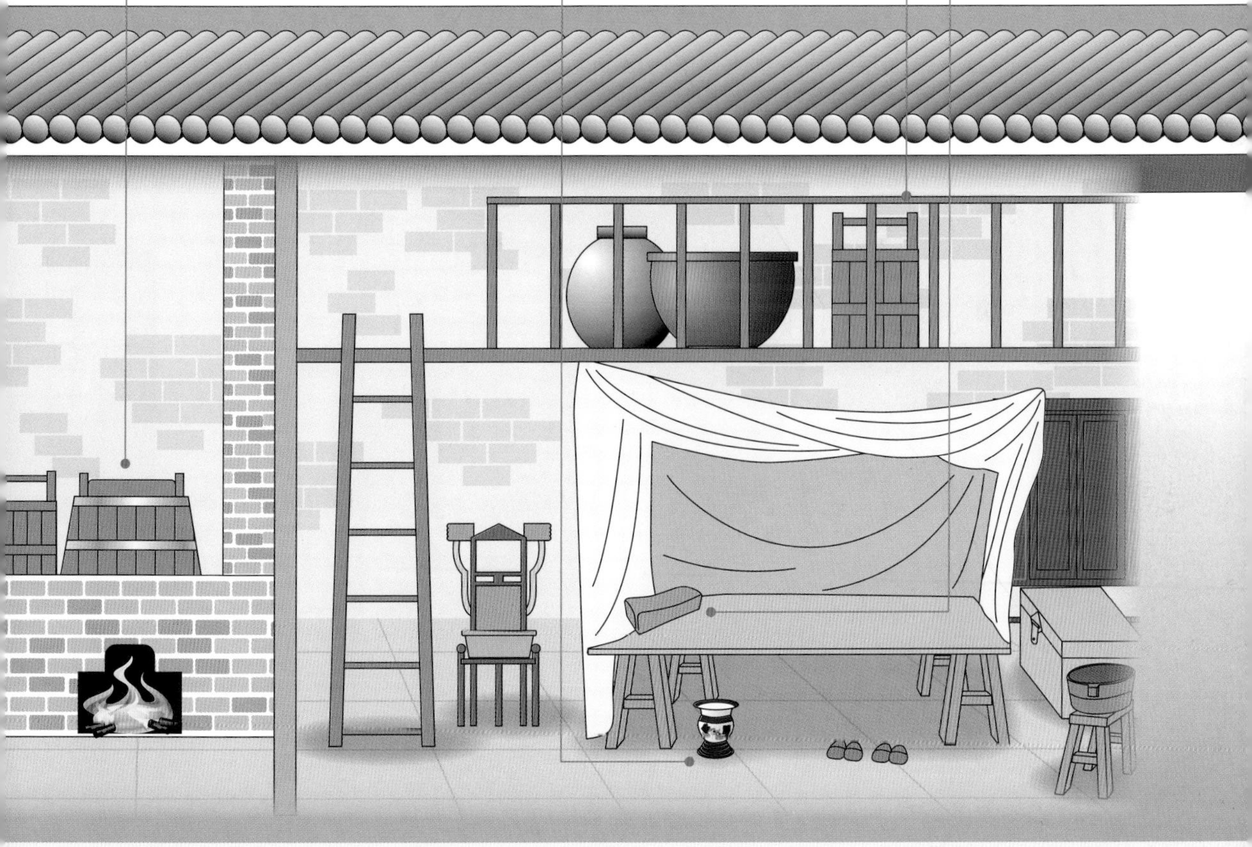

西式建築（1910年代）

香港開埠之後，英國愛德華時代的建築風格一度成為主流。其中位於中環半山區的「甘棠弟」更是香港第一座把電線藏於牆身之中，並用鋼筋水泥興建的住宅。不過當時這類西式建築都是富豪所住，一般市民居住的環境相對惡劣。

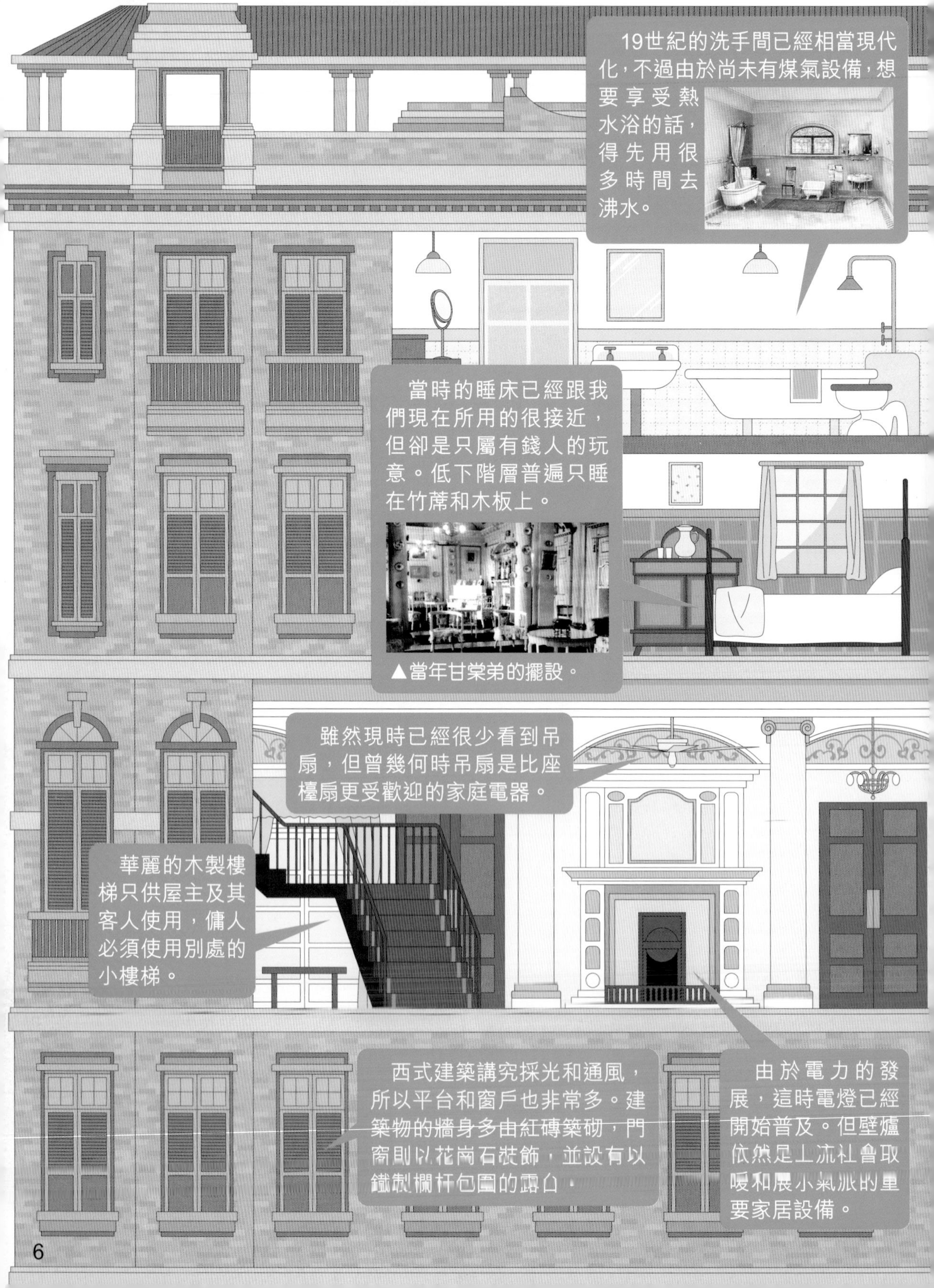
19世紀的洗手間已經相當現代化，不過由於尚未有煤氣設備，想要享受熱水浴的話，得先用很多時間去沸水。
當時的睡床已經跟我們現在所用的很接近，但卻是只屬有錢人的玩意。低下階層普遍只睡在竹蓆和木板上。
▲當年甘棠弟的擺設。
雖然現時已經很少看到吊扇，但曾幾何時吊扇是比座檯扇更受歡迎的家庭電器。
華麗的木製樓梯只供屋主及其客人使用，傭人必須使用別處的小樓梯。
西式建築講究採光和通風，所以平台和窗戶也非常多。建築物的牆身多由紅磚築砌，門窗則以花崗石裝飾，並設有以鐵製欄杆包圍的露台。
由於電力的發展，這時電燈已經開始普及。但壁爐依然是上流社會取暖和展示氣派的重要家居設備。

住太大的房子會覺得很寂寞呀。
你確定想要小房子？

寮屋（1940年代）

寮屋是指市民自行搭建的臨時房屋。國共內戰令大量難民湧入香港，他們在山邊路旁建屋棲身，並慢慢地演化成村落。當時最大的寮屋區，居住超過5萬人。

早期的寮屋多數以木材和鋅鐵皮東湊西拼而成，面積有限。所以有些居民會在屋內搭建小閣樓，增加可用空間。

Photo by MunKamg28

◀阿公岩村道寮屋

由於寮屋是非法建築，因此當時政府不為寮屋區提供水電等公共設施及服務。但基於人道，有關部門還是為寮屋區提供「街喉」，居民得自行前往取水。

◀為了多取幾桶，連小孩都得幫忙挑水。

不少寮屋居民會在家中製作小物幫補生計，俗稱「山寨廠」。在李鄭屋村的寮屋區內，當時就有五金店、橡膠廠、街市等不同店舖和工作坊。

維他奶於1940年4月3日面世，最初必須即日飲用，首日銷售只賣出9瓶。但隨着消毒技術的發展，維他奶開始無須冷藏貯存，至1950年代中期每年賣出多達1200萬瓶。

要出外排隊才有水可用…

唐樓（1950 年代）

唐樓早在19世紀初已經在香港出現，專家按年代及建築特色將之分為4代。共通特點是設有「騎樓」和「地鋪」。

沒電沒水很不方便呢。

說到方便，提供大量小店的唐樓，在購物方面可說是非常便利。

絕大部分的唐樓均設「騎樓」，亦即露台。但很多時居民都會為了增加生活面積，而將「騎樓」圍封。

Photo by Tksteven

▲正常騎樓與改裝後的對比。

唐樓的石梯一般都非常狹少，只夠1至2人通過。

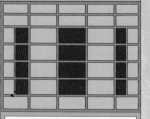

唐樓的地下多數用作商鋪，從糧油雜貨到大押等一應俱全，而且很多還會加建招牌，並用樓柱做廣告。

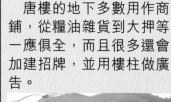

▲1960年代，位於灣仔的「和昌大押」。

各家的郵箱和電錶都置於大廈門口。雖然信件常常會被盜，但鐵皮製的郵箱現在是不少古董收藏家的心頭好。

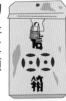

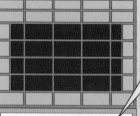

和昌大押
WOO CHEONG PAWN SHOP
小美容電髮廳
美樂士多
偉成錶行
專營古董錶
精工修理

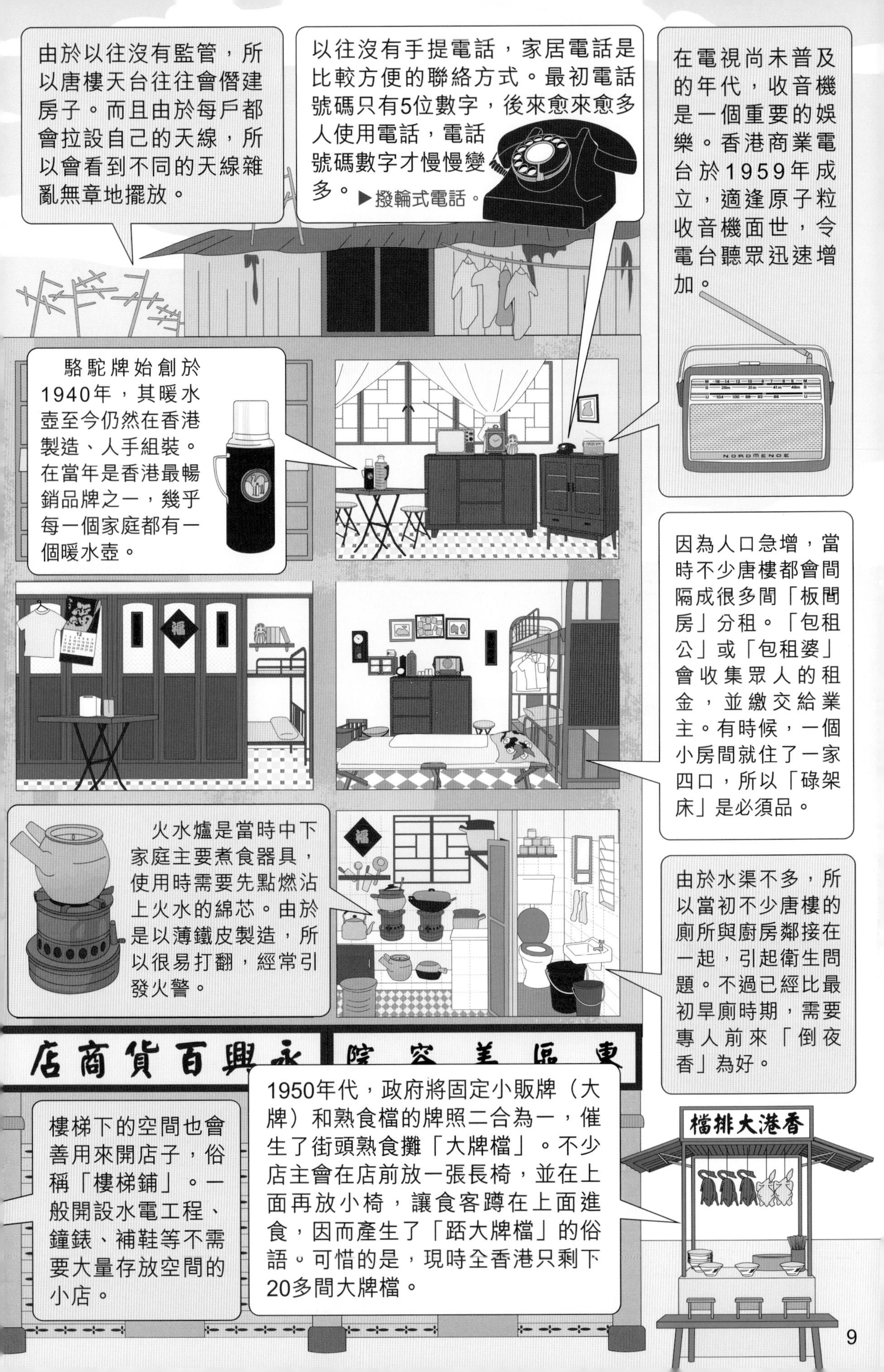

由於以往沒有監管，所以唐樓天台往往會僭建房子。而且由於每戶都會拉設自己的天線，所以會看到不同的天線雜亂無章地擺放。
以往沒有手提電話，家居電話是比較方便的聯絡方式。最初電話號碼只有5位數字，後來愈來愈多人使用電話，電話號碼數字才慢慢變多。
▶撥輪式電話。
在電視尚未普及的年代，收音機是一個重要的娛樂。香港商業電台於1959年成立，適逢原子粒收音機面世，令電台聽眾迅速增加。
駱駝牌始創於1940年，其暖水壺至今仍然在香港製造、人手組裝。在當年是香港最暢銷品牌之一，幾乎每一個家庭都有一個暖水壺。
因為人口急增，當時不少唐樓都會間隔成很多間「板間房」分租。「包租公」或「包租婆」會收集眾人的租金，並繳交給業主。有時候，一個小房間就住了一家四口，所以「碌架床」是必須品。
火水爐是當時中下家庭主要煮食器具，使用時需要先點燃沾上火水的綿芯。由於是以薄鐵皮製造，所以很易打翻，經常引發火警。
由於水渠不多，所以當初不少唐樓的廁所與廚房鄰接在一起，引起衛生問題。不過已經比最初旱廁時期，需要專人前來「倒夜香」為好。
永興百貨商店
東區美容院
樓梯下的空間也會善用來開店子，俗稱「樓梯鋪」。一般開設水電工程、鐘錶、補鞋等不需要大量存放空間的小店。
1950年代，政府將固定小販牌（大牌）和熟食檔的牌照二合為一，催生了街頭熟食攤「大牌檔」。不少店主會在店前放一張長椅，並在上面再放小椅，讓食客蹲在上面進食，因而產生了「踎大牌檔」的俗語。可惜的是，現時全香港只剩下20多間大牌檔。
香港大排檔

公營房屋（1950 年代）

石硤尾寮屋區於1953年的聖誕節發生大火，約5萬災民痛失家園，無處棲身。政府於是決定興建公營房屋安置居民。

公營房屋有很多不同建築方式，這裏只介紹第一型，俗稱「工字型」的公屋。由於內部環境因應時代而改築過，所以我同時展示1950年代及1970年代給你看吧。
1950s

◀第一代公屋美荷樓，現已活化為青年旅舍。

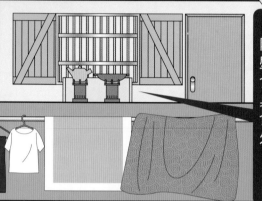

最初的公屋非常簡陋，基本上是家徒四壁，居民只能在走廊煮食和晾曬衣物。爐頭用具佔了走廊的一半，煮食時還得要讓路給想要外出的鄰居。

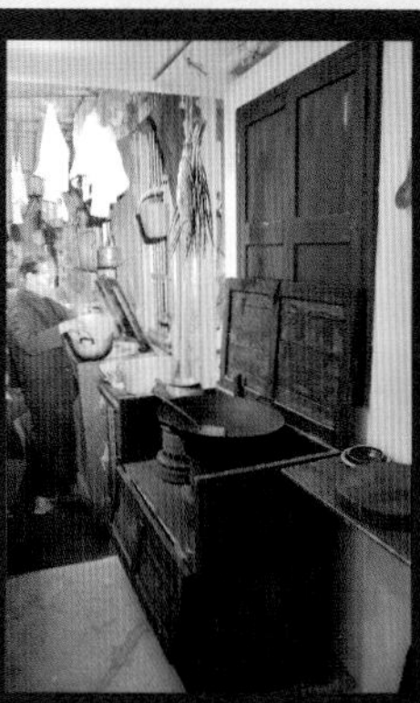

▶煮食爐就在窗子下面，不關好窗的話，油煙就會飄進屋內。

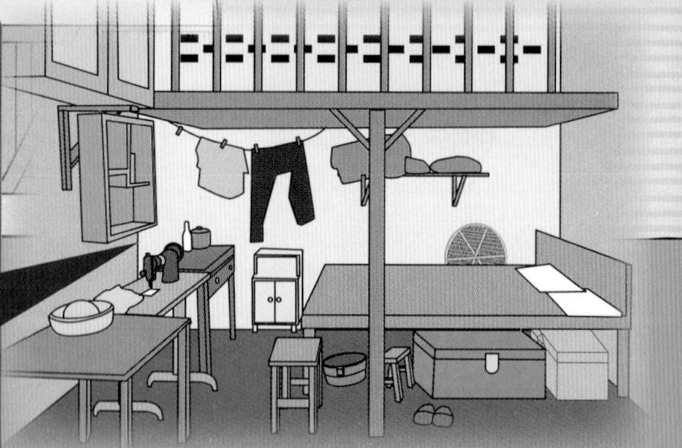

當時一個約120呎的單位規定最少居住5名成年人，小孩當半個人計算。不足5名成年人家庭，需與其他家庭合住。為了善用空間，居民通常在單位內加建「閣仔」。

▲為了善用空間，大家各出法寶。例如「閣仔」除了是睡床，也同時是書桌。

由於不設廚房及廁所，所以日常要洗衣服、淋浴或如廁等，也要到設於「工」字的中央位置的公廁。每層約300名居民共用同一廁所，可想而知，衞生環境非常惡劣。

▶洗滌處毗鄰公廁，洗衣服時也得嗅着異味。

1950年代

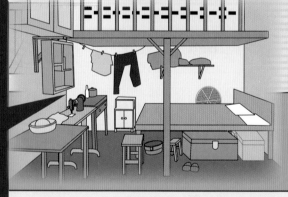

住宅單位分成兩翼，連接兩翼的走廊設置公廁和洗滌設施；由於從上俯瞰，大廈呈「工」字型，故亦被稱為工字型大廈。

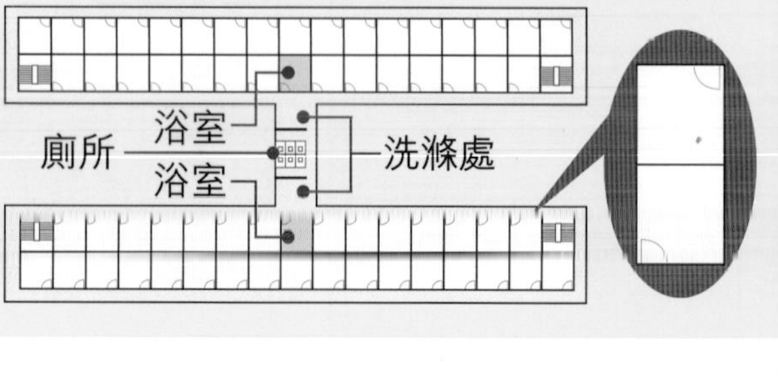

浴室
廁所
浴室
洗滌處

▲摺枱與摺凳。

摺枱、摺凳、碌架床，幾乎是每家每戶都擁有的家具。配合可以變成雙人床的木沙發和帆布床，客廳在夜晚就變身成睡房了。

1970s

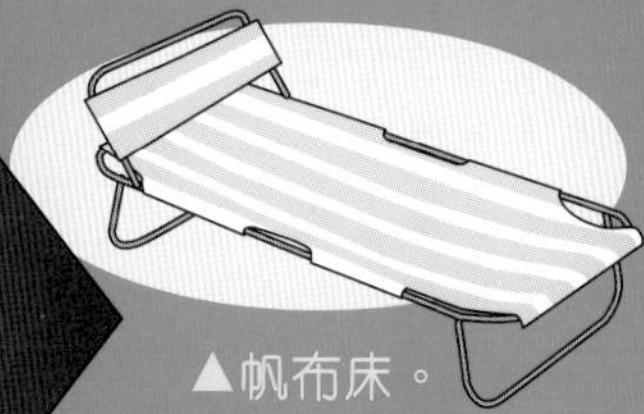

▲帆布床。

日本於1955年發明了電飯煲，但直至10年後才開始在香港普及。為了配合香港人喜歡煲飯同時蒸魚、臘腸等習慣，還特意為飯煲蓋加上透明玻璃，方便大家觀察蒸煮進度。

從前的公屋在木門之外，還設有鐵閘。住戶都喜歡打開木門通風，隔着鐵閘與鄰居談天。現在人們比較重視私隱和安全，很少會打開大門。

浴室沒有花灑，也沒有浴缸。所謂淋浴，其實是用水勺舀水潑在身上。冬天時想要洗個暖水浴，還得預先在廚房滾一瓶熱水呢。

石油氣在這個年代開始取代了火水。石油氣裝在一個大鐵罐中，快要用完時，就得致電給店鋪，請對方「送石油氣」過來。

▲現時已經很少看到騎單車送石油氣的情景。

1970年代

政府將工字型大廈前後兩排單位合併，成為面積較大、有獨立廚廁的住宅。同時亦把中央的公廁，改建為住宅單位。

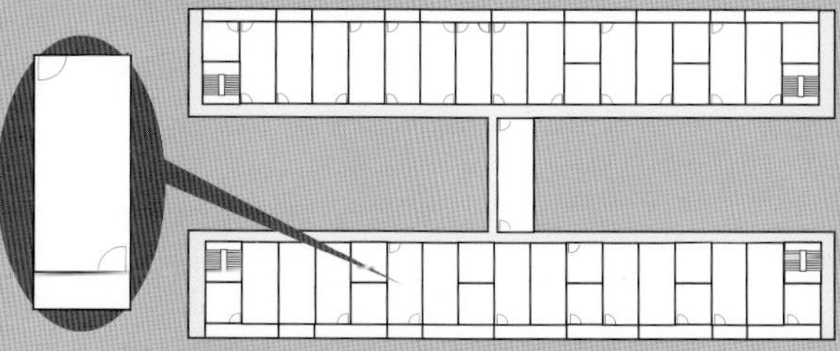

除工字型大廈外，政府還興建了雙塔式、十字型、井字型、梯級型、Y型以及和諧式等不同類型的公屋。每款都各有特式，有機會再為大家介紹。

當年香港工業起飛，本土生產的塑膠產品大受歡迎。其中「紅A」牌的水桶、膠椅、水勺等，更是家居必備。

私人樓宇(1970年代)

70年代之前，地產發展商單純提供住宅單位，並不會考慮其他社區設施。直至美孚石油公司於舊油庫土地興建「美孚新邨」才確立了香港私人屋苑的發展模式。

美孚新邨是一整個「社區規劃」。邨內提供各式社區設施。開創當時香港住宅規劃的先河之餘，更是當時全球最大住宅項目。

光管因為光量充足，照明範圍廣闊，所以一度取代傳統白熾燈的地位。但光管提供的是閃爍的光源，雖然肉眼不易察覺，但在某些工作環境可能造成危險。

◀透過電話的攝錄鏡頭去看光管，就能看到它在閃爍。

以前的時鐘需要上發條。當時有21天鐘、30天鐘等等，指的是上滿一次發條後能夠運行多少天。

12
3
6
9
21

1979年，SONY推出「Walkman」，創造了隨身聽的文化。卡式錄音帶亦因此風靡一時，在CD出現之前，一直都是聽音樂的必需品。

WALKMAN

黑膠唱片也是當時另一種主流的音樂媒體。雖然它每一面只能錄一首歌，但因為它能夠完美地保留音色，所以近年再一次備受注目。

美孚新邨特別興建了連接各座樓宇的平台，減少大家身處「石屎森林」的侷促感，成為了日後私人樓宇的參考。

衣食住行應有盡有
娛樂教育早有安排
美孚新邨

雖然現時的士主要是豐田汽車，但其實政府未特別劃一的士的車種，所以以往路上曾出現過不同外貌的的士，就像這款賓士190D。

TAXI
5 SEATS

▲當年普通市民的年薪約30000元，購入一輛汽車則大約需要12000元。

現代樓宇的好與壞

「建築欠缺考慮採光及空氣流通，建築物前後相貼，純粹為追求最大投資回報之商業考慮。」這句話是150年前英國政府在黑死病流行後，對倫敦居住環境的檢討。然而，卻很適合用來反映現今香港的居住質素。

納米樓

香港採取高地價政策，好處是能保持低稅之餘，政府庫房仍然有足夠盈餘應付突發情況。然而，地價影響樓價，最終反映到市民身上。因為市民無法負擔，地產商就推出入場費較低，但面積極小的「納米樓」，面積不足200呎。

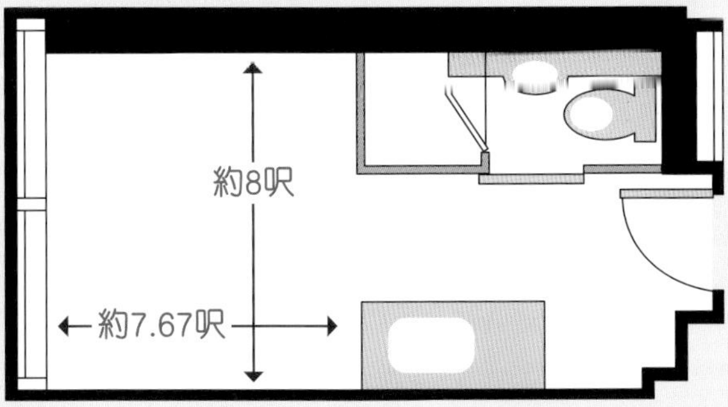

約8呎
約7.67呎

▲困於斗室，是否能感受生活？

高密度樓宇令熱能無法散發。

高樓就像關上窗一樣，阻礙了海風。

屏風效應

香港摩天大廈林立。地盡其用地向高空發展，成功用最少的面積，住最多的人，海旁的大廈亦有標誌性的作用。但高密度的高樓大廈在海邊並排，妨礙空氣流通。我們常常感到悶熱和侷促，很大原因是因為香港建築沒有考慮風的流向。

Photo By Prosperity Horizons

▲為了「無敵海景」，地產商在海旁興建摩天大廈。

財團壟斷生活

住所與巨型商場連接，非常便利。然而香港大部分商場都由財團控制，內裏的店鋪都是連鎖經營，多加留意，就會發現基本上每一個商場都是差不多的店鋪。長此下去，很容易扼殺小店經營的空間，影響產業的創意。

▲各商場店鋪分別不大。

但我還是想住現代豪宅！
好的，請你先付3000萬。
買不起！

小說
MYSTERIOUS
怪盜
JOKER
銀斗篷燃燒之夜
福島直浩
原作 高橋英靖
小學館正式授權香港中文版

日本大受歡迎的怪盜小說登陸香港！

作者/**福島直浩**　原作/**高橋英靖**

第4集

銀斗篷燃燒之夜

Joker奪得金有的「深紅水晶」後，突然收到怪盜諾亞的預告信。Joker對這陌生的怪盜不以為然，對方卻突然出現，令他措手不及，連寶物也被搶走了！

Joker從白銀之心口中得知，他與諾亞認識已久，對方可能是為報仇而來！究竟二人之間有甚麼仇怨？Joker、葵扇和鑽石女王這三名弟子為保護師傅，使出渾身解數，上演了一幕幕跨越世代的精彩戰鬥！

5月中旬出版

大受歡迎的《名偵探柯南》電影版改編成精彩小說！

小說/**水稀志麻**　原著/**青山剛昌**

劇本/**古內一成**

天空的劫難船

小說
名偵探
柯南
天空的劫難船
原著 青山剛昌
劇本 古內一成
翻譯 吳輝
日本小學館正式授權香港中文版
水稀志麻

微生物研究所遇襲，恐怖組織「紅色暹羅貓」翌日承認責任，並聲稱盜取了研究室內的「殺人細菌」，於七日內會有下一次行動。

「紅色暹羅貓」預告犯罪當日，柯南等人受鈴木次郎吉邀請，登上前往大阪的飛船。這時候，次郎吉卻收到「紅色暹羅貓」電話，說已在飛船上散佈殺人細菌！

已經出版！

大偵探福爾摩斯
SHERLOCK H M博士外傳

⑧ 濃霧中的燈塔

奧斯汀・弗里曼=原著　厲河=改編

陳秉坤=繪　陳沃龍、徐國聲=着色

愛德蒙・唐泰斯 年輕船長。因冤罪而被囚於煉獄島。

福爾摩斯 精於觀察分析，曾習拳術，是倫敦最著名的私家偵探。

上回提要：

年輕船長唐泰斯被誣告入獄，逃獄後要找仇人報仇。他化身成神甫和蘇格蘭場法醫桑代克，利用酗酒鬼鄰居裁縫鼠的貪婪和奸詐，成功令裁縫鼠被警方拘捕並判處死刑。接着，他的目標是陷害自己的同僚唐格拉爾和妻子的表哥費爾南……

「神甫先生，非常感謝你的幫忙！要不是遇着你，內子一定已病死了！」在冷冷清清的醫院走廊中，**哈利**激動地握着神甫的手連聲道謝。

哈利是個燈塔看守人，日前他的妻子身患重病，卻沒有錢去醫院醫治，正當他感到**彷徨無助**之際，眼前的這位意大利神甫突然出現，**二話不說**就把其妻送進了倫敦最好的醫院。經過幾位名醫生聯診後，他的妻子終於度過了危險期。

「不必客氣，嫂子雖然已被搶救過來，但仍要留院一段時間，必須得到最好的照顧才能完全康復。不過……」神甫**欲言又止**。

「不過？」哈利有點慌張地說，「神甫先生，我知道**長貧難顧**，但我求你送佛送到西！待內子康復後，就算**赴湯蹈火**，我也一定會報答你的！」

「好吧。」神甫想了想，從口袋中掏出一條金條，「你賣了它，請一個看

護照顧好嫂子吧。」

哈利接過金條，感激流涕地說：「神甫先生，你的**大恩大德**我無以為報啊！」

「不，你願意的話，可以還我一個人情。」

「當然願意！有甚麼需要我做，請儘管說！**力所能及**的，我一定會盡力做好！」

「你真的願意？」

「我願意！就算要了我這條命，我也願意！」哈利堅定地回答。

「嘿嘿嘿，我不需要你的命。」神甫冷冷地一笑，「**我只需要一條腿。**」

「一條腿？」哈利不明所以。

「對，一條腿。」神甫右眼下方隱隱然閃過一道**紅光**。

「你的一條腿。」神甫輕輕地補上一句。

哈利張開嘴巴愣愣地看着神甫，久久說不出話來。

在格德勒沙洲的西南端正值漲潮，淺灘已被海水覆蓋了。一座孤零零的**燈塔**，聳立在水深約12呎的海面上。

在燈塔的圍廊上，哈利看着自己那條擱在木凳上的左腿，靠在椅背上發愁。他身旁的一個男人手持望遠鏡，遠眺着地平線彼方的兩個小黑點。那是里卡爾弗的雙塔尖，也就是**海岸巡邏隊**的所在地。

「怎麼了？看到船嗎？」哈利有點煩躁地問。

「沒有啊。」拿着望遠鏡的男人說，「一點蹤影也沒有呢。」

「**傑弗利**，怎麼辦啊！看來趕不上漲潮了。」哈利摸了摸左腿，痛苦地說，「再多等一天的話，我這條腿可要**報廢**了。」

「待有船經過，可以叫他們送你到伯青頓去，然後再坐火車回家。」傑弗利回過頭來提議。

「我不要坐火車，我要直接去**維斯塔布爾**，那兒有最好的醫院。」哈利說完，又焦急地問，「怎樣？真的沒船往這邊來嗎？」

傑弗利轉過頭去，用手遮擋着陽光，眺望着遠方的海面。不一刻，他語帶興奮地說：「**哎呀！有船！有船啊！**」

「甚麼？真的嗎？」哈利精神為之一振。

「是一艘雙桅船！它從北面朝這邊駛過來了！」傑弗利舉起望遠鏡張望，「看樣子是一艘**運煤船**呢。」

「哇！太好了！」哈利嚷道，「只要能登上這艘船，就可保住我這條腿了。」

「可是……」傑弗利想了想，「那並不是海岸巡邏隊派來的船，就是說，沒有人會接替你的工作。如果你自行登船離開，可算是**擅離職守**啊。」

「管它的甚麼擅離職守！難道我不理這條左腿嗎？是**骨折**啊！不處理的話肌肉會壞死的呀！」哈利激動地叫道，「況且，我現在只能坐着，甚麼也幹不了！留在這裏幹嗎？好兄弟，快發信號，叫船駛來這邊！不要讓它跑了！」

「說的也是，不趕快處理可會**終身殘廢**的，相信上級也會體諒。」傑弗利說罷，馬上去取來兩面信號旗，匆匆地把它們拴在升降索上。待船駛近了，他立即拉動繩索把旗升起。兩面旗幟「**啪噠啪噠**」地迎風飄揚，送出了求救的信號。

很快，運煤船的主桅杆上也升起了一面**三角旗**，顯示對方已看到求救信號了。

「他們看到了！他們看到了！」哈利興奮地呼叫。

不一刻，運煤船緩緩地調過頭來，用船尾逐漸向燈塔靠近。

接着，運煤船放下了一隻**小艇**，艇上有兩個男人用力划槳向燈塔這邊划來。

「唔？」傑弗利舉起望遠鏡說，「艇上有一位是**神甫**呢。」

「甚麼？神甫？」哈利暗地一驚。

「沒錯，是一位神甫。」

果然，小艇駛近後，哈利也看到了，但他沒想到神甫會來，幾天前的情景霎時在腦海中重現……

「神甫先生……」哈利語帶疑惑地問，「你說要我的一條腿，意思是要我當你的**跑腿**嗎？」

「不，我要的是真真正正的一條腿。」神甫**輕描淡寫**地說，「不過，隨便哪一條也行，左腿還是右腿，你自己挑吧。」

「神甫先生，我不太明白。」哈利擔心地問，「你的意思是……要砍下我一條腿嗎？」

「不必砍下，你回到燈塔後，只須**弄斷**一條腿就行了。」

「回到燈塔後？為甚麼？」

「請恕我**無可奉告**，但你也不必太擔心，我不是要你幹犯法的事。」神甫說，「你兩天後回到燈塔，在第一天的晚上製造意外，摔斷其中一條腿。然後，第二天漲潮的時候，會有一艘船在附近的海面駛過。你叫同僚升起求救的**信號旗**，那艘船就會來救你了。」

「可是……我摔斷了腿後，就無法工作了……」哈利有點猶豫。

「只要斷得**乾淨俐落**，很快就能復原。」神甫說，「例如，用硬物砸斷一條脛骨，只要不傷及關節，兩三個月內就會完全康復。對了，你是右撇子，我建議你砸斷**左腿**，這樣對你來說會方便一點。」

哈利低頭想了一會，最後，他毅然地抬起頭來說：「好吧！雖然不知道為甚麼要這樣做，但既然不犯法，我就答應你，**砸斷**自己的左腿吧。」

「**嗨！出了甚麼事嗎？**」小艇上的水手大聲喊問，打斷了哈利的思緒。

「我的同僚摔斷了腿！請問你們的船可以把他送到維斯塔布爾去嗎？」傑弗利高聲回應。

水手回頭向神甫不知道說了些甚麼，又回過頭來喊道：「讓我們先上來看看！神甫先生懂得**急救**！」

不一刻，小艇靠岸，那個水手和神甫沿着**鐵梯**攀上了圍廊。

「我叫傑弗利，受傷的同僚叫哈利，麻煩你們幫忙了。」傑弗利自我介紹。

「沒關係，反正我們也會經過**維斯塔布爾**。」神甫說，「讓我先看看**傷員**吧。」

哈利看着走近的神甫，未待他開口，神甫已問道：「怎樣？傷得嚴重嗎？」

「摔斷了左脛骨。」哈利回答。他從神甫的神態中，已知道要假裝**互不認識**。

神甫蹲下來，仔細地檢查了一下哈利的傷勢，轉過頭來向傑弗利問道：「可以找兩塊跟小腿長度差不多的**木板**來嗎？」

「可以呀。」傑弗利說完，馬上就走去找木板。

「傷得不算嚴重，好好休息的話，兩個月就能如常走路了。」神甫說着，悄悄地看了看傑弗利走開的身影，然後壓低嗓子續道，「哈利，你幹得很好，辛苦你了。」

「不，比起你的幫忙，這不算甚麼。」哈利低聲回答。

「記着，不論日後發生甚麼事，你都要**保持緘默**。」神甫吩咐，「我所做的一切，都只是**替天行道**而已。」

「我明白。」哈利點點頭。

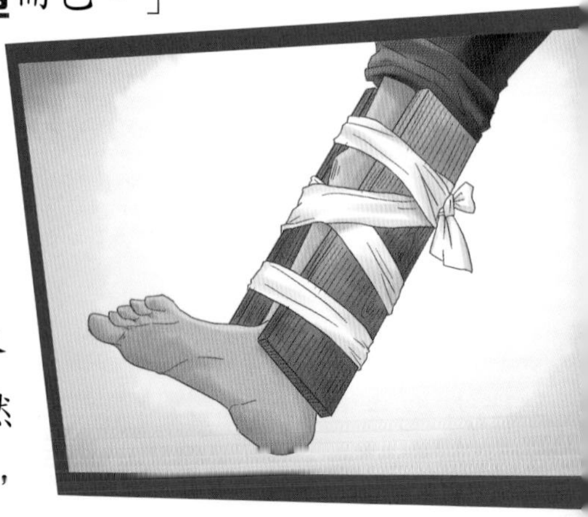

這時，傑弗利已拿着兩塊木板來了。神甫接過木板後，很快就為哈利包紮好，**固定**了折斷的位置。

傑弗利為哈利收拾好行李後，那個水手拿着行李攀下鐵梯，先回到小艇上。然後，在傑弗利的協助下，哈利坐上滑車，被吊到小艇上去。

「**神甫先生，麻煩你們啦！**」傑弗利向準備攀下鐵梯的神甫說，「海上巡邏隊的船要五天後才來，要不是你們的船剛好經過，哈利的腿就會報廢了。」

「不必客氣，你們是海上的守護人，船隻都靠你們指引方向啊。」神甫笑道，「**好人嘛，一定會得到上天眷顧的。**」

「你這麼說，真有點**受寵若驚**啊！叫我感到自己的工作好像突然變得很神聖呢。」傑弗利笑道，「但話說回來，你怎會坐上那艘運煤船的？」

「啊，沒甚麼，我為了省錢，請他們給我坐一趟**便船**罷了。」神甫說完，就沿着鐵梯攀下去了。

傑弗利看着載着哈利的運煤船遠去，不禁感到有點落寞。現在，燈塔只剩下他孤零零的一個人了。他站在圍廊的欄杆旁，看着眼前那**一望無際**的大海，一種**難以言狀**的空虛襲來，那個平日只懂**唉聲歎氣**的哈利也忽然叫他懷念起來了。

他知道，哈利上岸後會馬上叫人通知海岸巡邏隊，幾天後就會有人到來頂替哈利的位置。畢竟，一個人守在燈塔上太危險了，要是他病了或像哈利那樣受了傷，就無法執行任務了。倘若遇上了**大霧**，路經的船隻就可能有危險了。不過，那個替工甚麼時候才能來呢？一天、兩天、三天，還是四五天後才能來呢？

傑弗利搖搖頭，他知道再想下去也是徒然。惟一可以**解悶**的，就是埋頭工作。他想到這裏，就走去擦拭護鏡。擦完了，再去修剪油燈的燈芯。接着，他想起了防霧警報器上的小馬達，馬上走去為它加了機油，並把它擦得閃閃發亮。

當要幹的都幹完了，他又**百無聊賴**地回到圍廊，看着海面遠處**載浮載沉**的浮標

發楞。不一會，他注意到欄杆的油漆在風吹日曬下已有些剝落。於是，他又走去找來工具，在剝落的地方重新髹上油漆。

幹着幹着，不經不覺天色已晚。他到廚房煮了個簡單的晚餐，草草吃完後洗個澡，然後就倒頭大睡去了。

一宿無話，第二天起來，他整天幹這幹那的，完成了所有例行公事。之後，他待到黃昏漲潮的時刻又走出圍廊，用望遠鏡眺望着海面，看看有沒有海岸巡邏隊的船駛來。可是，海面風平浪靜，除了那個浮標之外，甚麼也沒有。

看了一會，當他正想轉身走開時，突然發現遠方出現了一個小黑點。他連忙舉起望遠鏡往那邊望去。果然是一條船，船上還有一個人。可是，他再定睛看清楚，發覺那只是一條漁船，並不是海岸巡邏隊！

傑弗利無比失望地放下望遠鏡，心中想：「還以為是頂替哈利的新伙伴，真掃興啊。」他靠在欄杆上，掏出煙斗，把預早從煙餅切下來的煙絲塞到斗鉢中，用火柴點燃後使勁地抽了幾口。

他看着大海，想起了自己當漁民時熱熱鬧鬧的日子，還有在追求表妹美蒂絲時的忐忑和歡樂。可是，在情敵唐泰斯被押送到煉獄島之後，一切都變了。一股隱藏在黑暗中的勢力在他和唐格拉爾的周邊蠢蠢欲動，雖然，兩人都不知道這股勢力的背後是誰，但肯定與告發唐泰斯有關。這時，他們才赫然醒悟，告發陷害雖然鏟除了唐泰斯，但他們自己也成為了**被鏟除的對象**。政治鬥爭比想像要複雜和危險得多，在無法可想下，兩人決定連夜逃亡，以水手身份登上一艘名叫**海花號**的漁船，遠走他方。

可是，一時的貪念，卻令他被逼在這個孤獨的燈塔中度過了七年時光。

「都是**唐格拉爾**不好！要不是他，我也不必淪落到**如斯境地！**」傑弗利想到這裏，腦海中浮現出一個美麗但又駭人的畫面……

那天陽光普照，藍色的海面與**萬里晴空**連成一片，一艘白色帆船在大海中隨水流飄浮。

甲板上有十幾個人醉醺醺地倒在地上，他們都喝了下了**迷藥**的威士忌。在船長的房間中，船長和大副都倒在地上死去了。船長的屍體旁蹲着一個人，他把尖刀往死者的衣服上使勁地擦了幾下，把刀口上的血擦得**乾乾淨淨**。

他——就是**唐格拉爾**。

看着這情景的不是別人，就是他自己**費爾南**，大副剛剛也死在他手上。

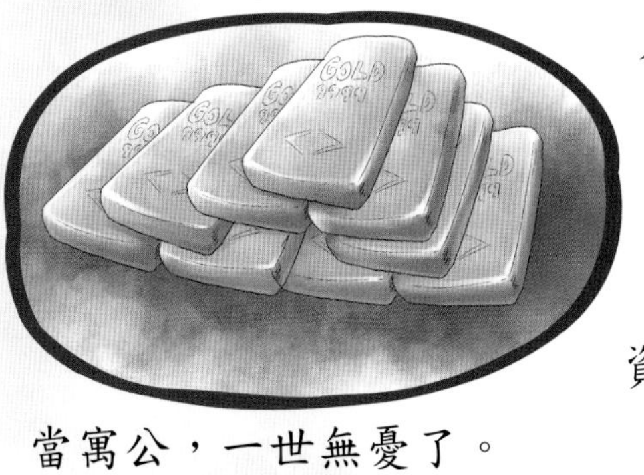

GOLD

本來，他們兩人只是化身成水手逃亡，但唐格拉爾偶然得悉船長帶了幾十條金條，就遊說他一起**殺人奪金**。唐格拉爾的說詞很簡單，逃亡必須有足夠的資金，只要奪去金條，他們就可到海外去當寓公，一世無憂了。

自己**財迷心竅**，糊里糊塗地就跟着唐格拉爾下了毒手。

之後，他們按計劃登上了逃生小船，任由海花號隨水流飄向**波濤洶湧**的大海。一艘經過的商船救起了他們，兩人訛稱遇上海難，說海花號已經沉沒，只有他們逃出生天。在獲得商船相信後，他們被送

到了途經的一個港口。

一切都很順利，他心想把金條均分後就可與唐格拉爾**分道揚鑣**，各自逃亡。但他沒想到，唐格拉爾不但獨吞了金條，還在出走前向警方舉報。他好不容易才逃離追捕，**身無分文**的他遇上燈塔招工，只好馬上化名傑弗利．羅克應徵，因為**與世隔絕**的燈塔正是最好的藏身之所。幸運地，擁有豐富航海知識的他馬上獲聘。

就是這樣，**不經不覺**之間，他已在這個燈塔呆了七年。每當想到那個可惡的唐格拉爾拿着那些金條在外國**風騷快活**時，他就恨得牙癢癢，更想把對方**碎屍萬段**。

要不是他唆使自己寫那封陷害唐泰斯的告密信，要不是他慫恿自己**謀財害命**，又怎會落得如斯境地？可是，他知道不可能再見到那個可恨的傢伙了，自己的餘生將會像坐牢般在這個燈塔孤島上度過。

想到這裏，他抬起頭來，又舉起望遠鏡往那小漁船看去。小漁船近多了，看來是朝着這燈塔的方向而來。難道是來**送信**的？不管怎樣，又不是海岸巡邏隊，哈利的替工今天不會出現了。

傑弗利氣餒地站起來，他走進廚房弄晚餐，隨便吃了些馬鈴薯和麵包，又吃了些昨天剩下的冷肉。

吃完後，他又回到圍廊看那條**小船**。這時，小船離燈塔已很近了，看來只差**一哩**左右。

「沒錯，是朝這邊來的。」他這麼想着，連忙舉起望遠鏡細看。

「唔？那人怎麼戴着**港務局**的帽子？難道是來接替哈利的？可是，怎麼不是海岸巡邏隊載他來，而要他自己駕着小船來呢？」

小船接近後，那人**匆匆忙忙**把帆降下，急急地划起槳來了。

「唔？」傑弗利察覺有異，連忙往水平線望去。這時，他才注意到東邊的海面有一團**黑壓壓的濃霧**正向這邊湧來，連格德勒沙洲東端的燈塔也看不見了。他匆忙回到塔內啟動濃霧警報器的小馬達，看到它運作正常後，他又回到圍廊上。這時，「**嗚……嗚……嗚……**」的警報聲大作，彷似向濃霧大聲**咆吼**。

可是，燈塔四周已被大霧籠罩，那隻小船也在霧中消失了蹤影。他側耳細聽，卻甚麼也聽不見。濃霧不僅遮擋了視野，彷彿連聲音也**隔絕**了。警報器**斷斷續續**地吼叫，在間歇的靜寂之間，他只聽到海浪撞擊下面那些鐵支架的水聲。

可是，過了一會，一陣划槳的聲音傳來。他定睛一看，只見剛才那隻小船像**幽靈**似的正好**破霧而出**。船上的男人在拚命地划槳，這時，警報器像提醒他似的長鳴了幾下，當他回頭看到塔腳後，馬上調整船頭直往燈塔這邊划過來了。

傑弗利慌忙從樓梯走下去，來到底層的圍欄後，他站在梯子的頂端熱切地往下望去。哈利走後的這兩天，他已嘗夠了孤獨。他要看清楚這個逐漸靠近的**陌生人**。一個合拍的伙伴對他來說實在太重要了，要是與對方合不來的話，燈塔的生活必會變得**一團糟**。

小船敏捷地穿過激流，逐漸逼近燈塔的鐵支架了。可是，傑弗利仍無法看清楚這個未來伙伴的臉孔。很快，小船終於「**嘭**」的一聲撞到鐵支架的防護樁上。那人把槳往船內一扔，一手就抓住了梯子。傑弗利見狀，連忙把一根繩索拋下去。不過，他依然無法看清那人的**容貌**。

傑弗利從梯子頂端探出頭來看去，只見下面那男人純熟地把繩子拴在小船上，又把帆從桅杆上解下來。接着，他把一個繫着繩子的小箱往肩上一扛，就一級一級地沿梯子攀上來了。傑弗利充滿好奇地看着那人**晃來晃去**的頭頂，但那人始終沒有抬起頭來往上看。

當他快要攀到梯子的頂端時，傑弗利想伸出手去拉他一把，就在那個時候，他終於抬起頭來了。

剎那間，傑弗利全身也僵住了。

「**啊！這不是……？**」他倒抽了一口涼氣。

新來的看守人踏上圍欄的一剎那，警報器像一頭飢餓的怪獸般發出了怒吼。傑弗利**不發一言**，一個急轉身就回到燈塔內，他逕自走上了樓梯。那人看着傑弗利的背面，默默地跟着他走。

噔噔噔噔、噔噔噔噔……

在浪聲中只聽到他們登上樓梯的聲音。

傑弗利走進客廳後背着那人揚一揚手，示意他把箱子放下來。

「喂，老兄，你不太喜歡說話呢。」那人好奇地看了看四周，半開玩笑地說，「打聲招呼也不會**虧本**呀。哈哈哈，今後得一起生活啊，希望我們合得來吧。對了，小弟名叫阿莫斯·托德，老兄**尊姓大名**？」

傑弗利轉過身來，猛地把那男人拉到窗邊，**咬牙切齒**地叫道：

「托德？別胡扯！看着我！唐格拉爾！你說！我姓甚名誰？」

那男人赫然一驚，他看清楚眼前人後，臉色霎時變得有如死人般**慘白**。他囁嚅着說：「不……不可能！你……不可能是費爾南！」

傑弗利冷冷地一笑，湊到唐格拉爾臉前吼道：「費爾南嗎？嘿嘿嘿，這幾年我幾乎已忘了這個名字呢！你這麼一叫，我終於可以找回自己了。對，我就是費爾南！真是**冤家路窄**，你我轉了個大圈，竟然又**聚首一堂**呢！」

（下回預告：唐格拉爾企圖逃走，但費爾南緊追不捨！兩人展開生死大搏鬥，鹿死誰手？化身成為法醫桑代克的唐泰斯坐山觀虎鬥，最後更伺機出擊，再次大報復！）

M 博學

今期《M博士外傳》以燈塔為舞台，帶來了精彩的故事。而現實中，很多漂亮美麗的燈塔亦有自身的傳奇故事，一起來看看吧。

燈塔的故事

七大奇跡之一的「亞歷山大燈塔」是唯一有確實紀錄的古代燈塔。一般估計大燈塔高逾 130 米以上，以當時的建築技術，可說是超乎想像。此外，同為七大奇跡「羅德島太陽神銅像」亦有燈塔作用。

▶在古代銅幣上刻有大燈塔的圖案。

哈特拉斯角燈塔
Cape Hatteras Lighthouse

Photo by Henryhartley

哈特拉斯角燈塔是世界第二高的磚製燈塔，遠望被稱為「大西洋墓園」的危險水域。而燈塔本身最終亦敵不過海水侵蝕，而遷址較內陸的地方。

少女塔
Maiden's Tower

位於土耳其的少女塔背後有一段悲慘故事。相傳，蘇丹國王為了讓公主逃過被毒蛇咬死的預言，而興建少女塔給公主避難。不料毒蛇竟然藏於國王送給公主的果籃中，最終公主難逃一死。

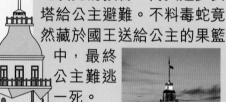

Les plus beaux
phares
de France
Sélection

▶每每面對巨浪衝擊。

牝馬塔
La Jument

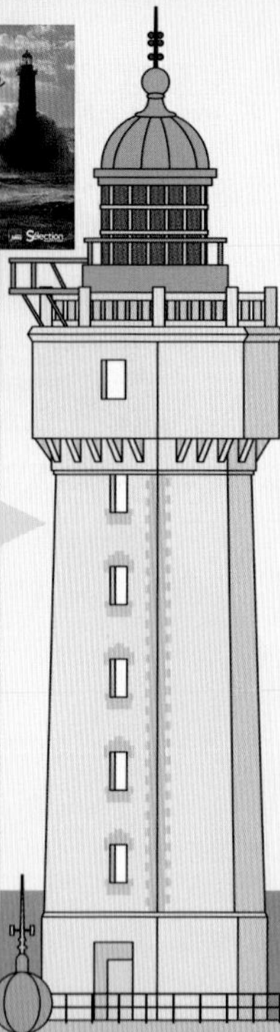

因為攝影師拍下了守塔人在暴風中依然死守燈塔的駭人場面，而一舉成名的燈塔。其後電影《燈塔情人》亦在該處取景，重現守塔人迎戰驚濤駭浪的場面。

Photo by Anjči

旅行者燈塔
Tourlitis Lighthouse

與孤岩連成一體的奇幻燈塔。雖然第二次世界大戰時曾被德軍摧毀，但一名希臘船主為了紀念他已離世的女兒而將之重建。

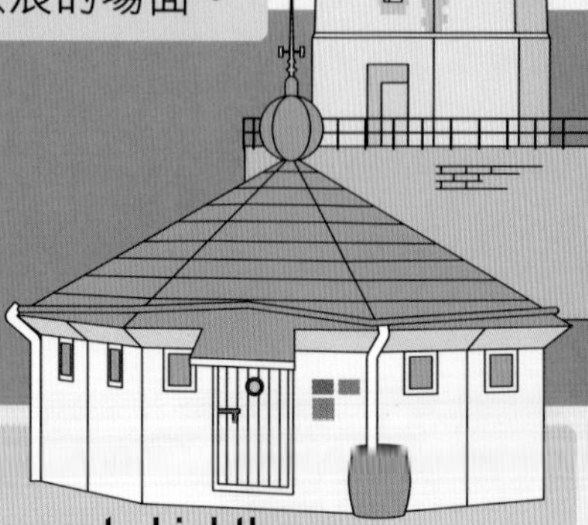

聖約翰救世燈塔
The San Juan de Salvamento Lighthouse

別名「世界盡頭的燈塔」。取名自法國著名科幻小說家朱爾．凡爾納的同名小說，故事講述阿根廷海軍如何突破重重困難興建這座燈塔。

▶很多人把火地群島燈塔（Les Eclaireurs Lighthouse）誤當是「世界盡頭的燈塔」。

Photo by Ricardo Martins

巧手工坊

自製會發光的燈塔

親子

看過今期《M博學—燈塔的故事》，是否了解更多世界各地燈塔的傳奇故事呢？現時，香港共有6座燈塔，由於保安理由並不對外開放，但我們可以自製小燈塔，加點小道具就能發光。

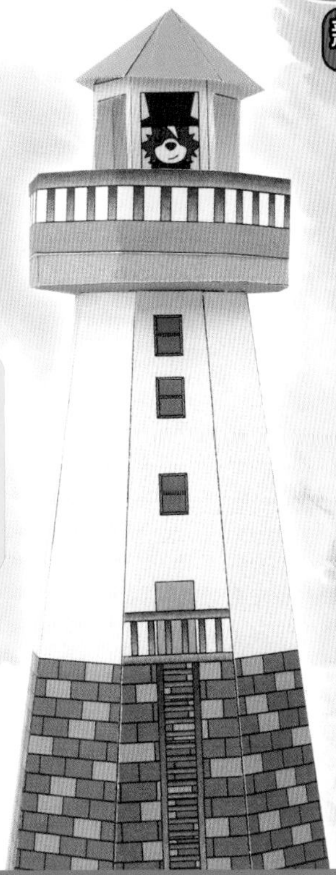

所需材料

p.29、31紙樣

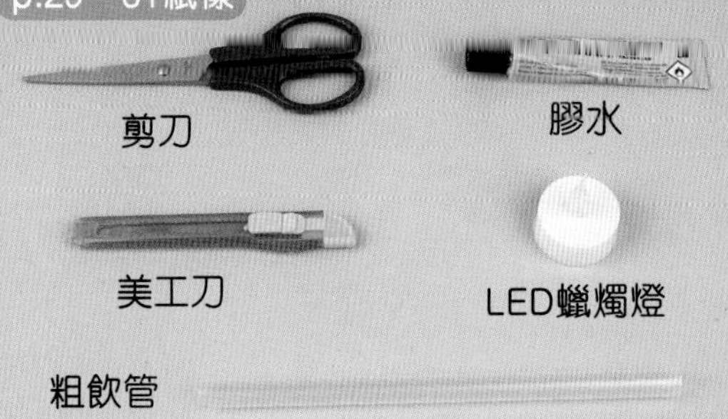

剪刀
膠水
美工刀
LED蠟燭燈
粗飲管

- 沿黑線剪下
- 沿虛線摺
- 黏貼處
- 裁走部分

*使用利器時，須由家長陪同。

製作難度：★★☆☆☆
製作時間：約 50 分鐘

製作流程

1 沿黑線剪下紙樣，並裁走橙色斜間部分。

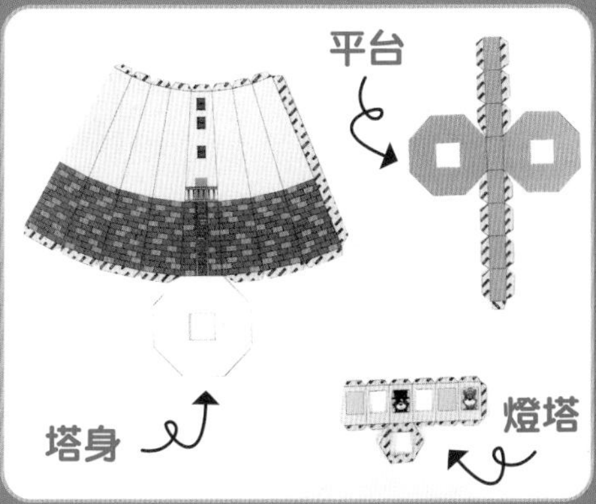

平台
塔身
燈塔

2 塔身

塔身沿虛線向內摺，捲成八角形黏好。

在黏貼處塗上膠水，黏合底座。

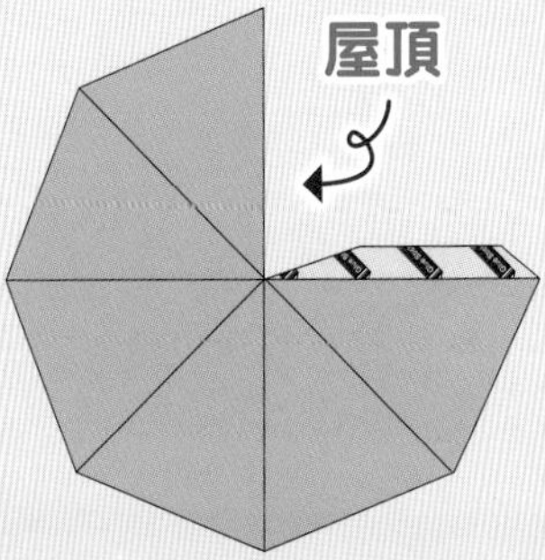

屋頂

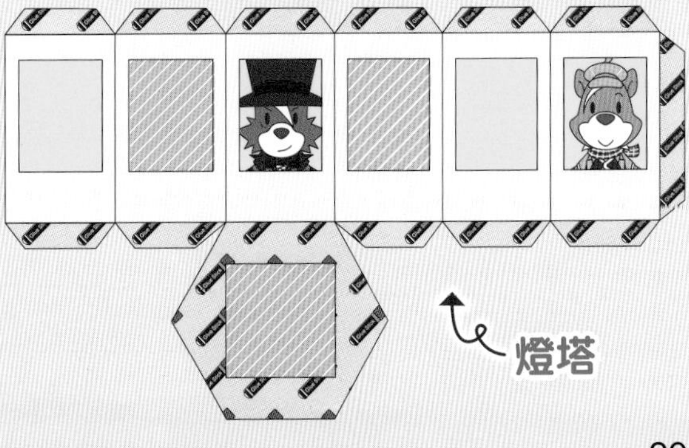

燈塔

❸ 平台及圍欄

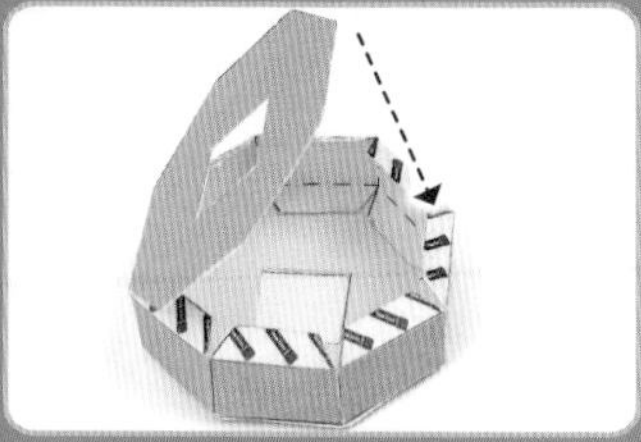

黏貼部分向內摺，分別將底面兩部分塗上膠水合併黏上，形成八角柱體。

剪下圍欄，棕色部分朝下，圍着平台黏好。

❹ 燈塔製作與做法2相同。

❺ 剪下屋頂，沿黑線摺成六角錐體並黏好。

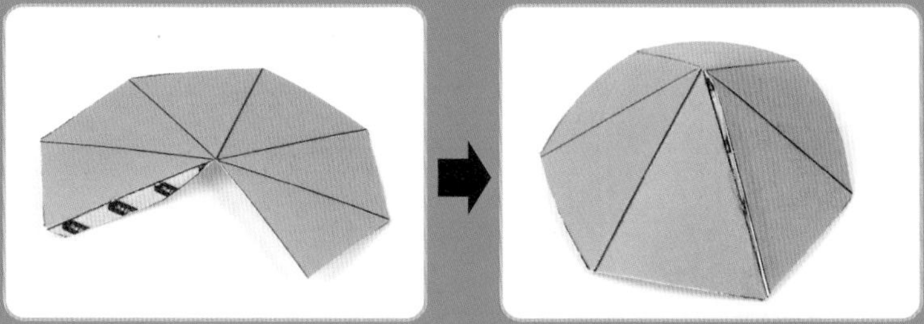

❻ 由下而上逐層黏合。

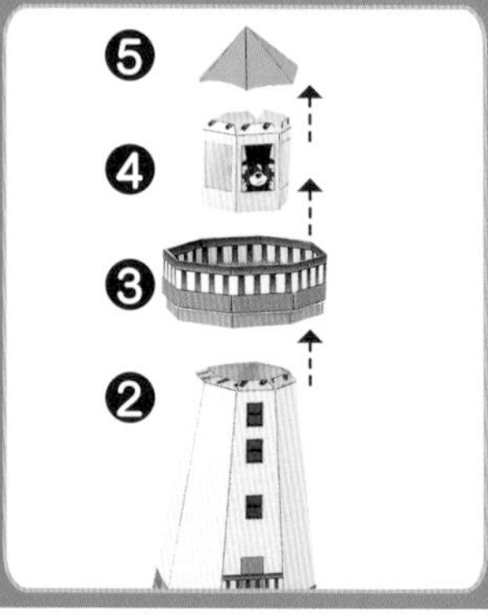

❺
❹
❸
❷

❼ 剪下一段粗飲管（約13cm）放入燈塔內，然後放在LED蠟燭燈上，就可以令燈塔發光。

完成！

沒有LED蠟燭燈怎麼辦？

家中沒有LED蠟燭燈，可以用智能電話內置電筒代替。打開電筒，將燈塔放上去，也有同樣效果。

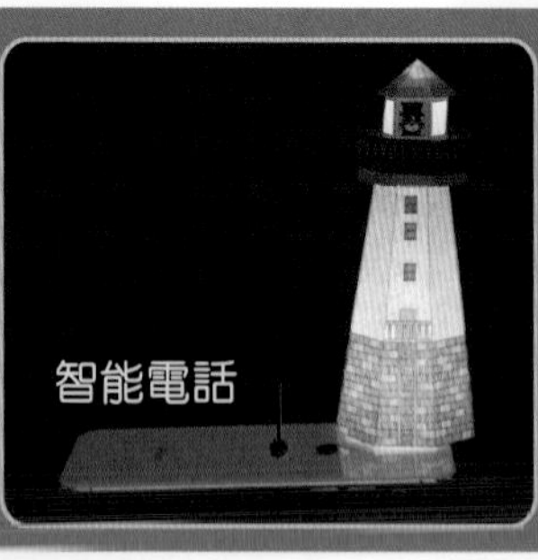

智能電話

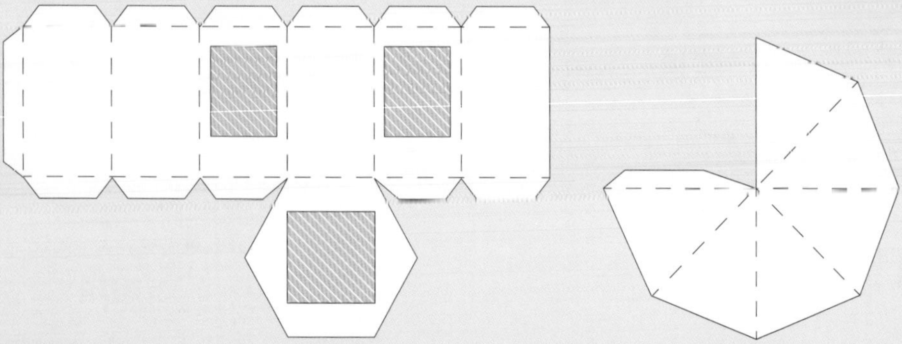

製作小貼士

1. 不要在做法2至4紙樣上方黏貼處塗上膠水。
2. 黏合燈塔前可先作測試，發覺亮度不夠，可裁走燈塔部分的黃色小窗。

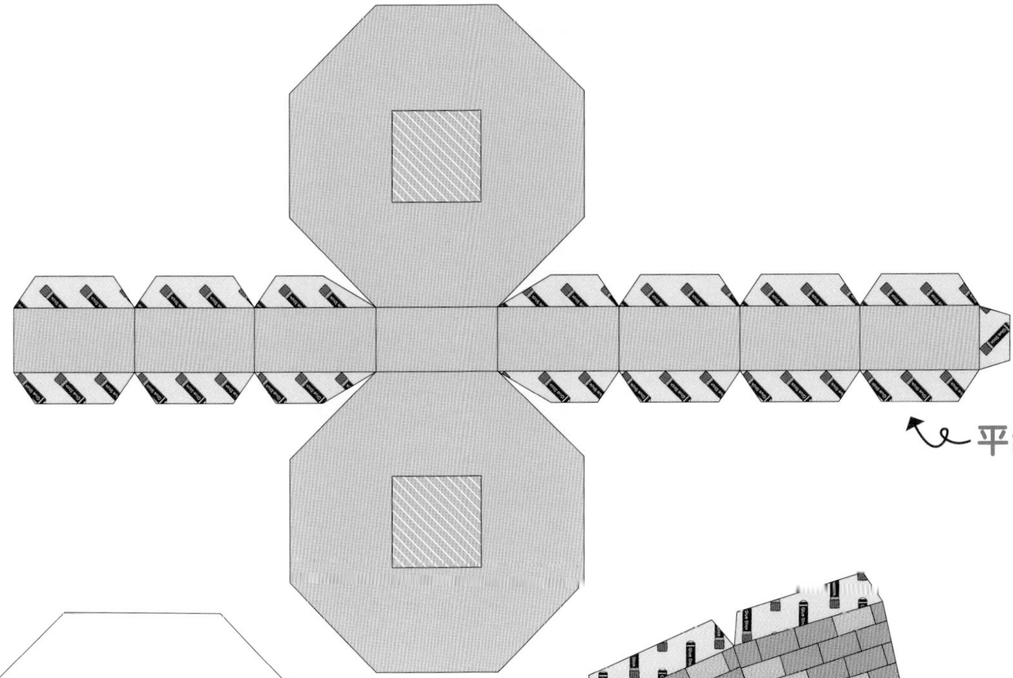

平台

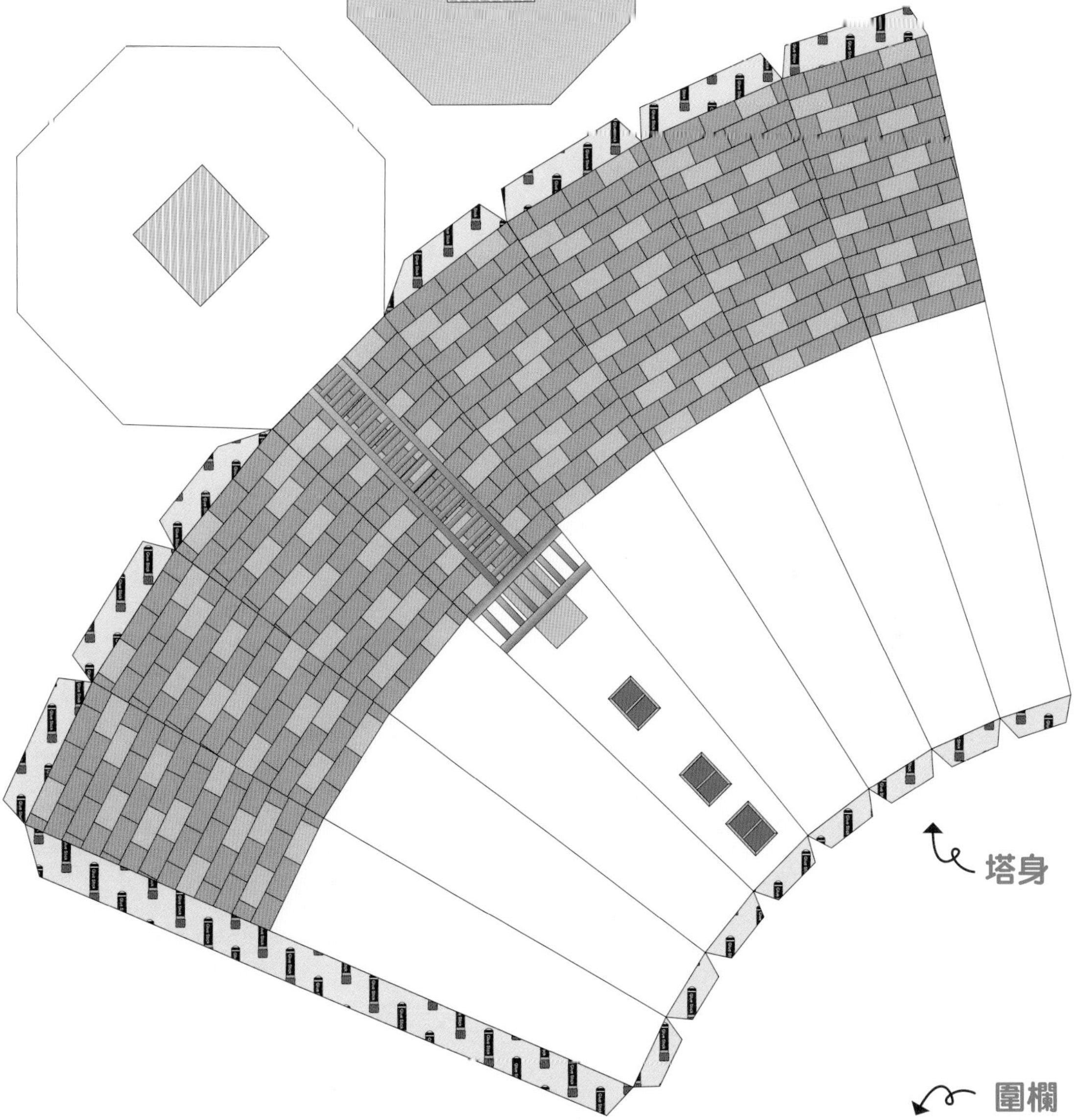

塔身

圍欄

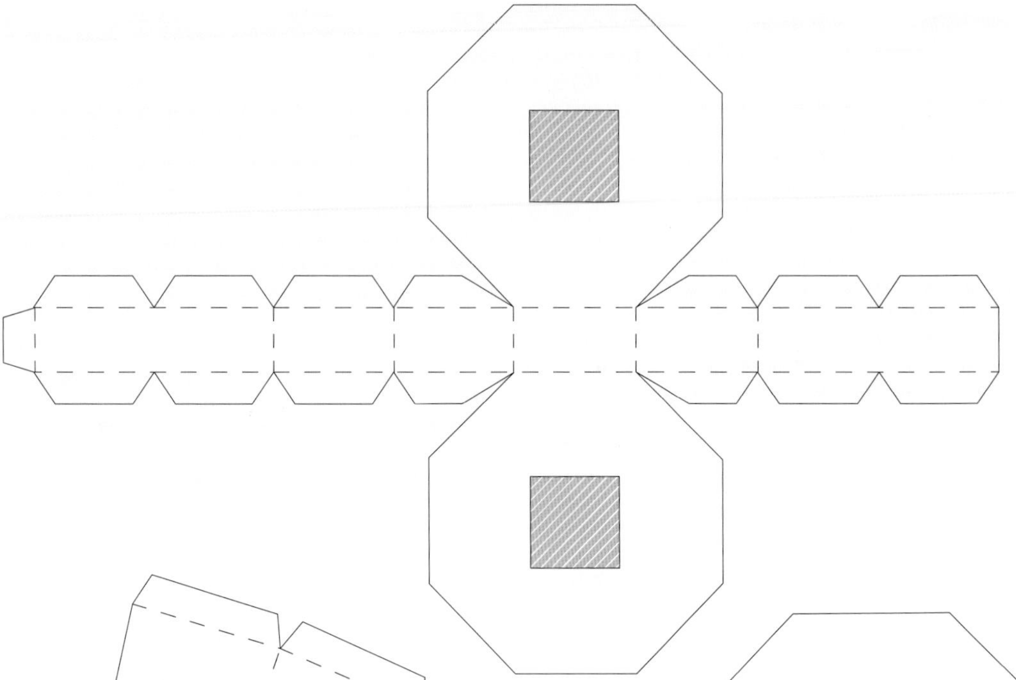

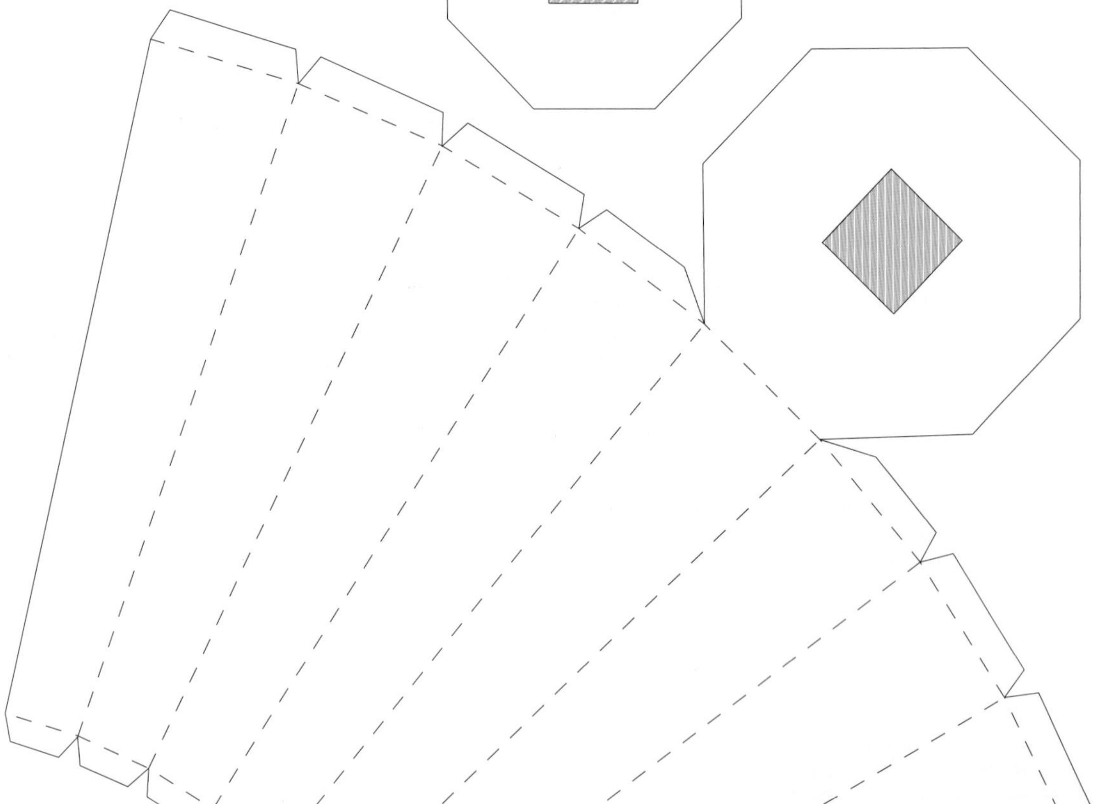

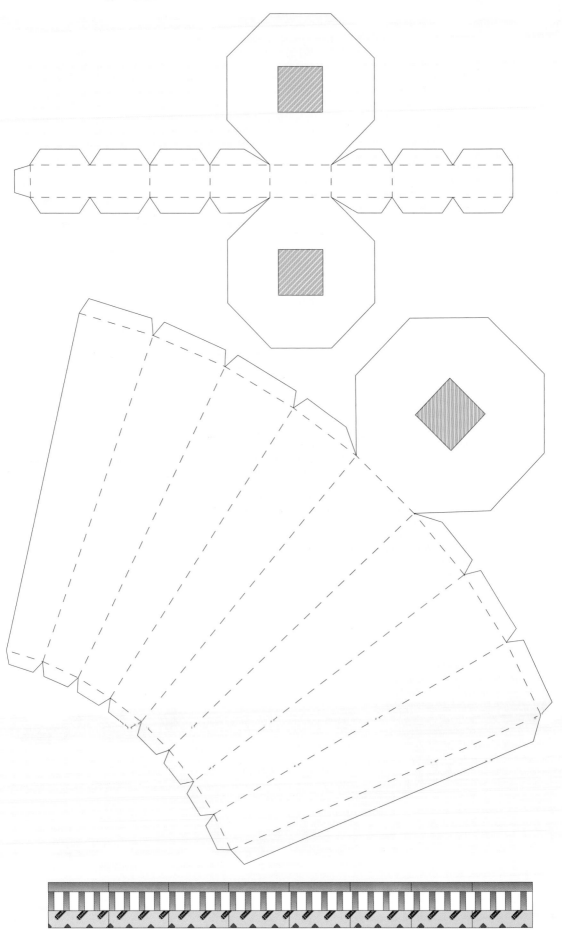

參加辦法

於問卷上填妥獎品編號、個人資料和讀者意見，並寄回來便有機會得獎。

我的夢想家居

快樂大獎賞

每個人對家居設計及佈置都有不同要求，你會如何裝飾你的小天地？

HAPPY
animal

A Steffi Love 快樂動物 1名

Steffi和Evi第一次養寵物卻無從入手，你快來加入他們，一起照顧三隻可愛的小狗！

B LEGO 31098 內陸小屋 1名

LEGO
CREATOR
3in1
7+
31098

既想在山林裏探險，又想在湖邊釣魚、划獨木舟，這間三合一小木屋絕對能滿足你。

C FAST LANE 城市組合 1名

FAST LANE
DYNA CITY PLAYSET

汽車軌道玩具，內附一輛小汽車和一間銀行。

D GAT-X207 閃電高達 1名

BLITZ GUNDAM
BANDAI

擅長近距離格鬥，機身配備透明化特殊裝備，就連雷達也探測不到。

E 星光投影燈 1名

動手組裝投影燈，讓你隨時隨地觀賞美麗的星空。

F Pikmi Pops 甜蜜驚喜香水樽 1名

（驚喜裝）

香味絨毛公仔藏在香水樽中，打開後還有2份驚喜小禮物。

G 旋轉朱古力工廠 1名

用微波爐加熱朱古力，然後轉動手柄，就能製作造型可愛的朱古力。

H 角落生物公仔 2名

（隨機獲得）

可作掛飾或擺設的炸蝦尾和蜥蜴。

截止日期2020年6月14日
公佈日期2020年7月15日（第53期）

- 問卷影印本無效。
- 得獎者將另獲通知領獎事宜。
- 實際禮物款式可能與本頁所示有別。
- 本刊有權要求得獎者親臨編輯部拍攝領獎照片作刊登用途，如拒絕拍攝則作棄權論。
- 匯識教育有限公司員工及其家屬均不能參加，以示公允。
- 如有任何爭議，本刊保留最終決定權。

第49期得獎名單

A	Full Armor Unicorn Gundam "Ver Ka"	侯鳴峰
B	角落生物日版斜孭袋	鄭靜妍
C	Kanahei 大公仔	陳淳
D	LEGO60214 漢堡包店消防救援	劉子揚
E	星光樂園Priticke File + Prism stone case + 遊戲卡及寶石套裝1份	黃韻琪
F	WARHAMMER 40000	陳柏霖
G	Disney Doorables 長髮公主	陳曉明
H	口袋波莉旅行車變身組合	梁洛榣
I	TREASURE X 探險套裝	蘇樂謙

I 反斗奇兵胡迪音樂跳舞公仔 1名

內置音樂與舞步，可跟着胡迪一起跳舞。

LEGO CITY

第47期得獎者
林柏亨

成語小遊戲 語文

《大偵探福爾摩斯》M博士外傳進入新章，唐泰斯再次化身成神甫，展開第二場復仇，在看故事之餘，別忘記以下出現的成語啊！

〔赴湯蹈火〕

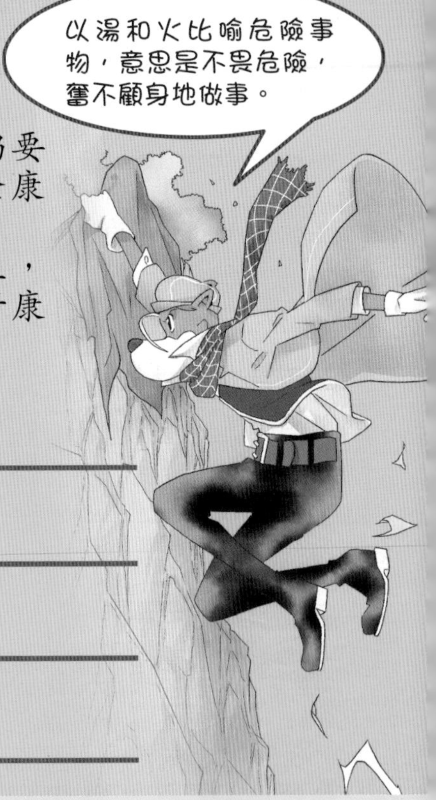
以湯和火比喻危險事物，意思是不畏危險，奮不顧身地做事。

「不必客氣，嫂子雖然已被搶救過來，但仍要留院一段時間，必須得到最好的照顧才能完全康復。不過……」神甫欲言又止。

「不過？」哈利有點慌張地說，「神甫先生，我知道長貧難顧，但我求你送佛送到西！待內子康復後，就算**赴湯蹈火**，我也一定會報答你的！」

以下的字由四個四字成語分拆而成，每個成語都包含了「赴湯蹈火」的其中一個字，你懂得把它們還原嗎？

赴若烽天 ________

前湯覆後 ________

固轍蹈連 ________

繼金重火 ________

〔受寵若驚〕

得到別人賞識，顯得又高興又不安。

「不必客氣，你們是海上的守護人，船隻都靠你們指引方向啊。」神甫笑道，「好人嘛，一定會得到上天眷顧的。」

「你這麼說，真有點**受寵若驚**啊！叫我感到自己的工作好像突然變得很神聖呢。」傑弗利笑道，「但話說回來，你怎會坐上那艘運煤船的？」

很多成語都與「驚」字有關，你懂得以下幾個嗎？

驚世□□
言行與一般人不同，令人感到驚訝。

□□驚蛇
形容行事不夠周密，令對方察覺而有防備。

驚弓□□
曾受過驚嚇，導致稍有狀況就會變得害怕不安。

□□驚人
平常表現平庸，之後一下子表現突出，令人吃驚。

〔風平浪靜〕

海面沒有風和浪，也可比喻作情勢平靜。

一宿無話，第二天起來，他整天幹這幹那的，完成了所有例行公事。之後，他待到黃昏漲潮的時刻又走出圍廊，用望遠鏡眺望着海面，看看有沒有海岸巡邏隊的船駛來。可是，海面**風平浪靜**，除了那個浮標之外，甚麼也沒有。

很多成語都與「風」有關，你懂得用「馬耳、使舵、化雨、易俗、無風」來完成以下句子嗎？

①他經常在朋友間□□起浪，挑撥離間，朋友知道後都與他絕交了。

②他推銷時看風□□，面對不同人有不同的説辭。

③他在老師的春風□□下，勤奮向學，終考上了有名的大學。

④無論別人説甚麼，他都是□□東風，毫不關心。

⑤要移風□□，改變社會的不良習慣，必須花上數年，甚至數十年時間。

〔財迷心竅〕

自己**財迷心竅**，糊里糊塗地就跟着唐格拉爾下了毒手。

因貪戀錢財而失去了理智。

與「心」有關的成語很多，以下五個全部被分成兩組並調亂了位置，你能畫上線把它們連接起來嗎？

心猿 •	• 在焉
心不 •	• 薰心
刻骨 •	• 叵測
居心 •	• 意馬
利慾 •	• 銘心

答案：

赴湯蹈火	受寵若驚	風平浪靜	財迷心竅
前赴後繼	驚世駭俗	①無風起浪	心猿意馬
固若金湯	驚弓之鳥	②看風使舵	心不在焉
重蹈覆轍	打草驚蛇	③春風化雨	刻骨銘心
烽火連天	一鳴驚人	④馬耳東風	居心叵測
		⑤移風易俗	利慾薰心

簡易小廚神

通識

親子

台式甜點
三色芋圓

說到圓類製品，香港有湯圓，台灣則有Q彈（煙韌）的芋圓及番薯圓，顏色豐富，更可配搭糖水或刨冰同吃，冷熱均宜。

配糖水味道
更香甜啊！

製作難度：★★★☆☆
製作時間：1 小時

掃描 QR Code
可觀看製作短片。

所需材料
（約可做 8 碗）
冰水
適量
室溫水
芋頭
150g
黃肉番薯
150g
紫心番薯
150g
木薯粉
60g×3
砂糖
3 茶匙 ×3

糖水
水
1000ml
片糖
1 條
薑片
2 片

1 ＊使用利器時，須由家長陪同。

芋頭及番薯去皮、洗淨、切片。

2 ＊使用爐具時，須由家長陪同。

將做法 1 材料隔水大火蒸約 20 分鐘至軟身。

3

將做法 2 材料各自放進不同碗中，並用湯匙壓成蓉。

4

將木薯粉、糖加進做法 3 的 3 個碗中，並逐少加入水搓成麵糰。

水的使用分量：
芋頭 30ml、
黃肉番薯 10ml、
紫心番薯 60ml

小貼士：
如果麵糰質感太黏，可以再適量加入木薯粉；相反如果太乾，可酌量再加一點水。

5

在乾爽砧板或桌面上灑一層木薯粉防黏，將麵糰分割成 4 份，輕力搓成長條形。

6

用刀切粒（約 1.5cm 長），再用手修整兩邊尾部成平滑。

7

煮沸水（材料以外），放入芋圓及番薯圓煮大約 3 分鐘至浮起，撈起放入冰水浸泡（可讓芋圓及番薯圓增添彈性）。

8
完成！

煮糖水，水煮沸後加入薑片，再放入片糖煮溶，加入做法 7 芋圓及番薯圓煮約 1 分鐘即成。

一次做了太多
怎麼辦？

如果每次不是煮太多，可於做法❻芋圓及番薯圓切成粒後，再裹上一層木薯粉，然後放入密實袋包好，再放進雪櫃冰格冷藏，可存放約兩星期。

木薯粉、地瓜粉、太白粉，你們聽過嗎？

製作台灣菜很常會使用這三種澱粉，但就連台灣人也未必知道三者分別及用途呢。

木薯粉以樹薯製成，故又稱「樹薯粉」，而地瓜粉是番薯的澱粉。兩者混和水加熱後都帶彈性，黏度高，所以均可用來製作炸物、芋圓等，但木薯粉相對廉宜，更被廣泛採用。

太白粉是馬鈴薯的澱粉，沒有木薯粉和地瓜粉般黏稠，多用作勾芡、醃肉等。

木薯粉

親子

太平山頂 The Peak

1947年以前，太平山頂一帶是英國人及歐洲人的居住地，除非得到總督批准，否則華人是禁止在山頂居住的。時至今日，禁令早已廢除，任何人都可以自由進出。因為這裏擁有香港最美的天際線，亦是飽覽維多利亞港的最佳地點，來自世界各地的遊客都慕名而至。

大家試玩玩這3個地圖遊戲，從而加深對山頂的認識吧！

巴士
15（中環5號碼頭→山頂）

小巴
1（中環國際金融中心二期→山頂）

*上述巴士和小巴為部分路線，其他路線請參閱相關網頁。

路線遊

看看以下山頂幾個景點介紹，按順序將地圖上起點（START）串連觀光路線至終點（GOAL）吧！注意要以最短路線在行人路上行走啊！

1 山頂廣場

前身是山頂酒店，後來改建成大型購物商場。2019年翻新後重開，有全球首個大富翁主題體驗館、朱古力博物館，適合親子一日遊。

2 薄扶林水塘

1863年啟用，是香港第一個水塘，位於薄扶林郊野公園內，分為上、下兩塘，總水量達26萬立方米。沿路平坦易行，屬港島區入門級的遠足路線。

3 伯大尼修院

建於1875年，原為法國外方傳道會療養院，香港演藝學院將之活化為古蹟校園。內有小教堂、劇院、展覽廳及博物館，須購票入場參觀。

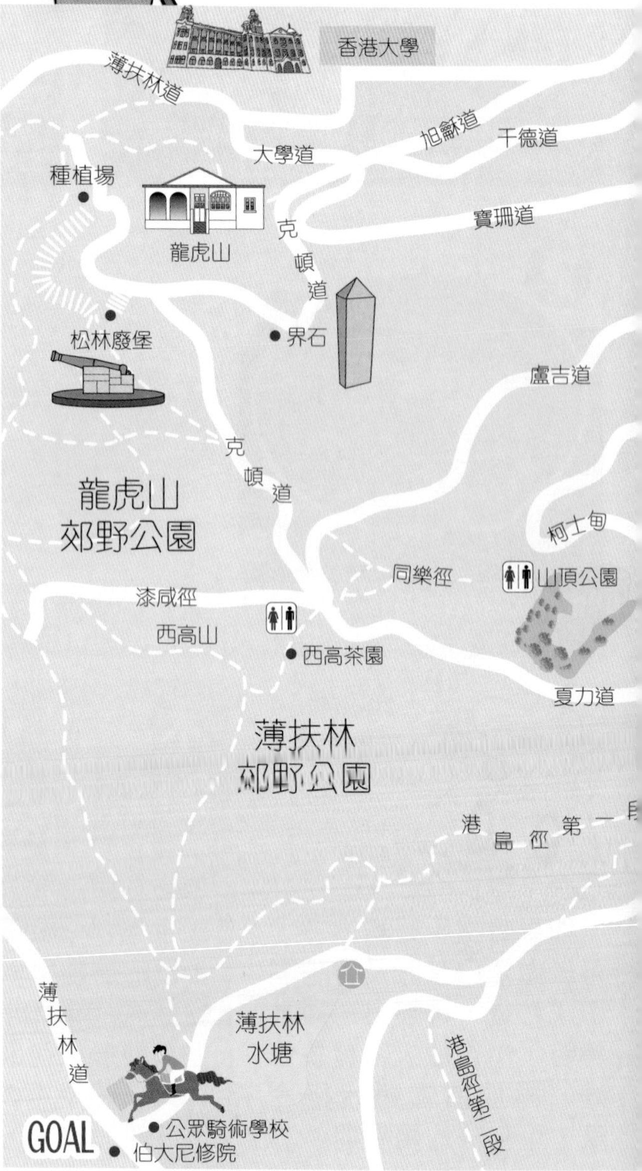
香港大學
薄扶林道
大學道
旭龢道
干德道
種植場
龍虎山
克頓道
寶珊道
界石
松林廢堡
盧吉道
克頓道
龍虎山郊野公園
柯士甸
同樂徑
山頂公園
溱咸徑
西高山
西高茶園
夏力道
薄扶林郊野公園
港島徑第一段
薄扶林道
薄扶林水塘
港島徑第一段
GOAL
公眾騎術學校
伯大尼修院

地圖找特色

山頂有很多別具特色的地方，請根據以下提示在地圖上圈出正確插圖。

❶ 香港最古老的公共交通工具，設有4個中途站，搭畢全程約7分鐘。

❷ 山頂地標，外形像一隻碗，樓高七層，可在頂層瞭望台「摩天台」看風景。

N
香港杜莎夫人蠟像館
山頂郵局
摩天台
衛室
遊樂場
凌霄閣
纜車站
太平山
餐廳
山頂
廣場
START
朱古力
博物館
薄扶林水塘道
山頂道

景點猜猜看

以下有關3個景點的描述，你們知道應配對哪幅相片嗎？請在相片旁圈出正確英文字母及寫上景點名稱（名稱可在地圖上找）。

A
- 總館位於英國倫敦，而香港是亞洲首個分館。
- 專門展覽全球知名人士的蠟像。
- 「動漫遊戲世界」區有鐵甲奇俠、變形俠醫等超級英雄外，還有麥兜與麥太、哆啦A夢等動漫角色。

B
- 全港面積最小的郊野公園。
- 生態物種豐富，有過百種雀鳥及蝴蝶在公園內棲息。每年冬天，是觀賞候鳥最佳季節。
- 山上有維多利亞城界石、松林廢堡等歷史遺蹟。

C
- 百多年前是山頂轎夫的休息室，戰後改為西餐廳。
- 設有露天花園茶座，提供多國菜式，可一邊用餐，一邊欣賞維多利亞港美景。
- 1981年被列為二級歷史建築。

A B C
……………………

A B C
……………………

A B C
……………………

答案
景點猜猜看（左至右）
B 龍虎山郊野公園
C 太平山餐廳
A 香港杜莎夫人蠟像館
❶山頂纜車
❷凌霄閣
START
GOAL
薄扶林郊野公園

知識小遊戲

通識

語文

數理邏輯大挑戰

語文題

❶ 英文拼字遊戲

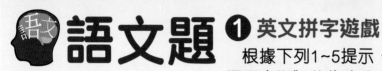

根據下列1~5提示，在本期英文小說《大偵探福爾摩斯》的生字表（Glossary）中尋找適當的詞語，以橫、直或斜的方式圈出來。

A	W	H	E	J	K	R	V	I	O	Q	B
C	H	U	N	K	P	S	E	B	T	L	V
U	F	J	I	V	T	Z	D	G	Z	K	H
B	J	U	G	O	E	H	Z	V	A	C	A
O	G	B	M	D	A	U	A	F	Q	I	R
Z	S	H	A	K	I	L	Y	D	M	P	N
G	O	A	T	C	V	I	P	W	B	N	J
A	T	V	I	G	Q	E	K	H	L	U	Z
S	K	S	C	A	L	L	O	P	F	D	A
P	E	N	D	A	N	T	R	Q	M	O	P

例（動詞）喘着氣

1.（名詞）扇貝
2.（形容詞）神秘的、難以捉摸的
3.（動詞）恢復
4.（名詞）一大塊
5.（副詞）顫抖地

❷ 看圖組字遊戲 試依據每題的圖片或文字組合成中文單字。

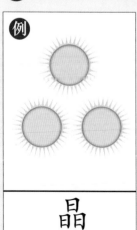

例

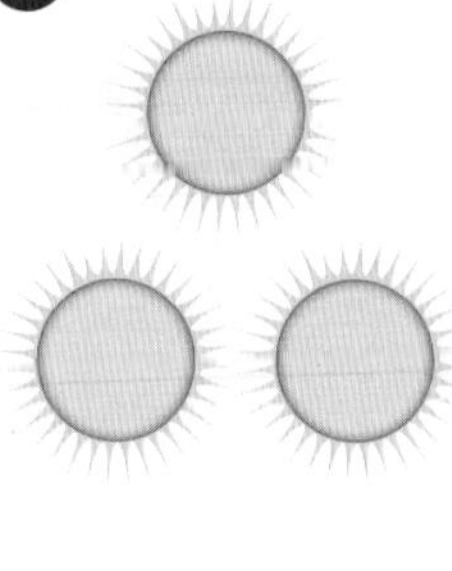

晶

a

______

b

______

c

______

推理題 ❸ 好朋友聚會

感情要好的頑皮貓、無膽熊、問題羊相約聚會，但他們只能分別在以下日子外出，其餘時間必須留在家中。究竟哪一天是他們的聚會日？

星期日	星期一	星期二	星期三	星期四	星期五	星期六

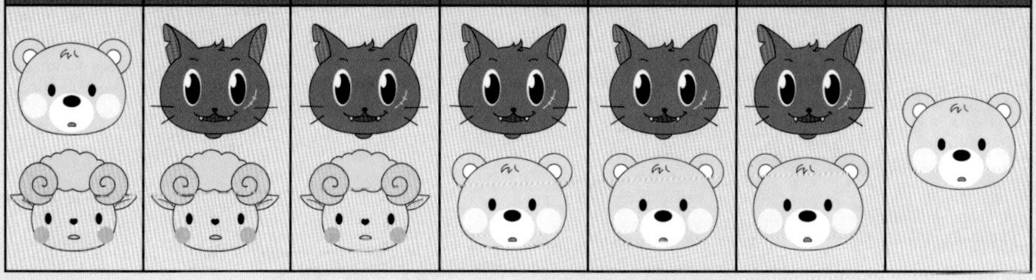

我們在哪一天見面？

數學題 ❹ 壞掉的計算機

正在做功課的活潑貓，發現計算機的按鍵損壞了，只有以下6個按鍵可以使用：3、5、+、－、X、=

57
+
5
－
3
×
=

究竟活潑貓有甚麼方法可以使計算機最後能顯示「57」這個數值呢？

一般的計算機只能按鍵入次序輸入，不會先乘除後加減。

答案

1.

A	W	H	E	J	K	R	V	I	O	Q	B
C	H	U	N	K	P	S	E	B	T	L	V
U	F	J	I	V	T	Z	D	G	Z	K	H
B	J	U	G	O	E	H	Z	V	A	C	A
O	G	B	M	D	A	U	A	F	Q	I	R
Z	S	H	A	K	I	L	Y	D	M	P	N
G	O	A	T	C	V	I	P	W	B	N	J
A	T	V	I	G	Q	E	K	H	L	U	Z
S	K	S	C	A	L	L	O	P	F	D	A
P	E	N	D	A	N	T	R	Q	M	O	P

2. a焚　b鸚　c像

3. 除了星期六外，每天都可以。
因為即使一人留在家，其餘二人也可以去他家作客相聚。
但星期六只有無膽熊可以外出，頑皮貓與問題羊必須留在家中，所以不能安排在當天聚會。

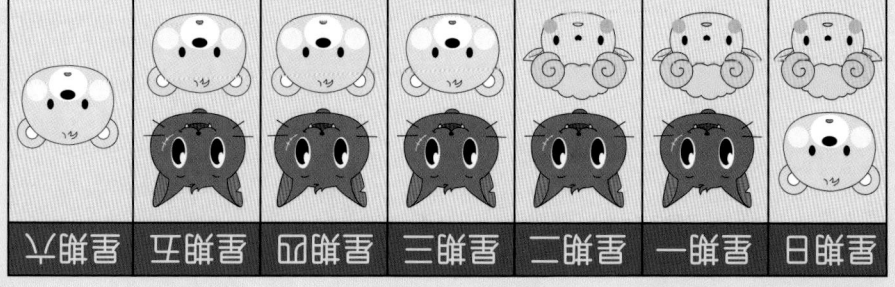

4. 鍵入次序有很多種，以下是其中兩種方法：
① 5×5－5×3－3＝
② 3×5+3×3+3＝

象牙失竊，
博物館女職員離奇死亡！
殺妻疑兇即將與
千金小姐結婚！
兩件南轅北轍的案件，竟有莫大關連？
受襲重傷的福爾摩斯
如何引領華生智破奇案？
大偵探
福爾摩斯
SHERLOCK HOLMES
49
購買圖書
象牙與極樂鳥
大偵探福爾摩斯
5月下旬出版！
© 2020 Rightman Publishing Ltd. All rights reserved.

SHERLOCK HOLMES
大偵探福爾摩斯

The Silent Mother ⑤

Sherlock Holmes
London's most famous private detective. He is an expert in analytical observation with a wealth of knowledge. He is also skilled in both martial arts and the violin.

Author: Lai Ho
Illustrator: Yu Yuen Wong
Translator: Maria Kan

Watson
Holmes's most dependable crime-investigating partner. A former military doctor, he is kind and helpful when help is needed.

Previously : Upon learning he was adopted from a charity children's shelter, Harry Stowe commissioned Holmes to search for his long lost birth mother of 49 years named Sophia. As Holmes began his investigation, he discovered that the director of the children's shelter was murdered on the same day that Stowe was adopted and a kitchen maid named Sophia was the prime suspect. To dig further into the murder, Holmes paid a visit to a retired police detective named Daniel who was in charge of the case at the time. Daniel was obviously hiding something and not much information was revealed from the visit. At around the same time, Stowe was given a piece of Maldives sweet at Holmes's apartment, which triggered his memory of tasting the same flavour during his time at the children's shelter...

The Products from the Maldives

"Oh!" exclaimed the astonished Holmes and Watson.

"What kind of sweets is this?" asked Stowe. "How did you come by this sweet?"

"These are coconut sweets from the Maldives. When we went to the old address of Donore Charity Children's Shelter..." Holmes recounted the details of his investigation and how he ended up with a bag of products from the Maldives.

"I see. The sweets that I ate when I was a small boy must have been brought back from the Maldives by that Lord Allen then," supposed Stowe.

"I think so too," said Holmes. "Even nowadays, it's

Glossary astonished (形) 大為驚奇的、感到震驚的　Maldives (地名) 馬爾代夫　recount(ed) (動) 講述、描述　investigation (名) 調查

not easy to buy this kind of sweets unless you know exactly where to find them. The sweets that you ate back then were probably souvenirs from Lord Allen to the children's shelter."

"Besides coconut sweets, the earl's grandson also gave Holmes these other Maldivian products," said Watson as he pointed towards the items that Bunny had spread out on the table earlier.

"All of these things are from the Maldives?" asked the curious Stowe.

"Yes," replied Holmes.

"What is the use of this chunk of wood?" asked Watson as he picked up something that looked like a piece of wood.

"Just like you, I also thought that's a chunk of wood at first," chuckled Holmes. "The earl's grandson told me that the surrounding seas of the Maldives provide a bountiful supply of skipjack tuna, and this wood-looking thing is actually smoke-dried skipjack tuna. It can be kept for a long time."

"I know that fish can be smoked but never before have I heard of smoking a fish until it is rock-hard," marvelled Watson.

"Generally speaking, fish can be preserved through salting or smoking, but the earl's grandson told me that skipjack tuna should only be smoked in order to preserve its distinctive savoury flavours. Apparently, smoking skipjack tuna until it is rock-hard is a common practice in both the Maldives and Japan," explained Holmes.

"The soaps and candles are also from the Maldives?" asked Stowe. "I can't see anything special about them."

"Their uniqueness is not something that you can see with your eyes. They are made from coconut oil. Coconuts are abundantly produced in the Maldives."

Glossary children's shelter (名) 兒童收容所　earl (名) 伯爵　curious (形) 好奇的　chunk (名) 一大塊　chuckle(d) (動) 輕聲笑　bountiful (形) 充足的、大量的　skipjack tuna (名) 鰹魚　smoke-dried (形) 煙熏的、熏乾的　preserve(d) (動) 保存　savoury (形) 美味的、鮮味的　apparently (副) 看來　abundantly (副) 大量地、豐富地

Holmes then picked up a bowl on the table and continued, "Look at this. This bowl is actually made with half a coconut shell. Isn't it fascinating?"

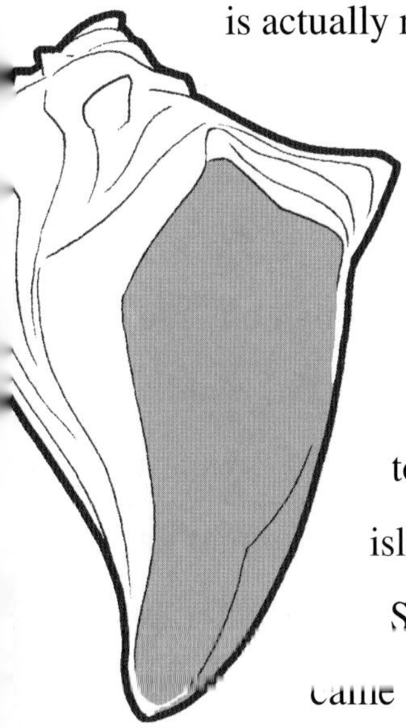

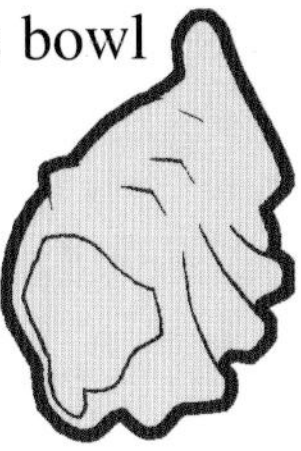

"Coconut is not only a food but can also be made into so many different things. The Maldivians really know how to make good use of this **extraordinary** fruit," said Stowe as he picked up a seashell before continuing. "Looks like beautiful seashells are plentiful in the Maldives too, which makes sense given that the chain of islands is surrounded by the sea."

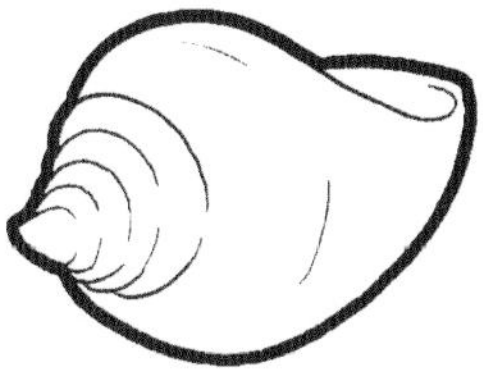

Stowe stopped speaking all of a sudden, as though something just came to his mind. He then unbuttoned his shirt to his chest and pulled out a necklace that he was wearing. Dangling on the necklace was a dark red seashell.

"Eh?" A **glimmer** flashed before Holmes's eyes. "Is that a seashell **pendant**?"

"Yes," said Stowe. "Looking at all your seashells reminded me of this necklace. I've been wearing it for as long as I can remember."

"Do you know where it came from?"

"No." Stowe shook his head. "But my **adoptive mother** told me that this is my lucky **charm** so I absolutely must not lose it."

"Hmmm..." Holmes **pondered** for a moment before continuing, "Perhaps it's

Glossary extraordinary (形) 非凡的、特別的、令人驚奇的 glimmer (名) 一絲微光 pendant (名) 吊墜、鏈墜、垂飾 adoptive mother (形+名) 養母 charm (名) 小掛飾、護身符 (lucky charm 吉祥物、幸運符) ponder(ed) (動) 思索、深思

possible that you've been wearing this necklace even before you were adopted."

"Could that be some sort of a keepsake?" suggested Watson as he took a nervous gulp.

"Are you suggesting...that this seashell was given to me by my birth mother?" Stowe could not help but ask with stunned eyes.

"Yes. The fact that you ate this coconut sweet when you were a small boy proves that you were at the children's shelter when Lord Allen presented the Maldivian products to the shelter," said Holmes. "We found an old newspaper article that mentioned the earl's visit to the children's shelter. It's quite possible that small jewellery made with seashells were also included in the gifts to the shelter since it's common in the Maldives to use seashells as raw material to make various products. If you've been wearing this necklace for as long as you can remember, then it must've been your birth mother who picked it for you from the selection of Maldivian souvenirs."

"No wonder my adoptive mother said this seashell is my lucky charm," gasped Stowe as he held onto the dark red pendant with his trembling hand. "My adoptive mother must've felt my birth mother's love for me from this seashell. She always made sure that I wear it at all times. She was probably hoping that someday my birth mother would recognise me and the pendant!"

"Hmmm..." Holmes was suddenly lost in thought as he stared at Stowe's seashell pendant.

"What is it?" asked the bewildered Watson.

Without replying Watson, Holmes asked Stowe, "Would you mind letting me take a closer look at the pendant please?"

Stowe did not understand what was going on, but he took off his necklace and handed it to Holmes nevertheless.

Glossary keepsake (名) 信物 gulp (名) 吞口水 stunned (形) 受驚的、目瞪口呆的 gasp(ed) (動) 喘着氣 trembling (形) 顫抖的 stare(d) at (動＋介) 注視、凝視、盯着看 bewildered (形) 困惑的、不知所措的

Holmes looked at the seashell with his magnifying glass over and over again. A glimmer suddenly flashed before his eyes as he shouted in excitement, "Found it!"

"Found what? What did you find?" asked Stowe.

"The whereabouts of your birth mother, of course!"

"What? How did that happen? How did you find her?" asked the astonished Watson.

Holmes let out a shrewd laughter then dangled the pendant before Watson's eyes, "Can't you see? The truth is on this seashell! Come on, let's head over to Daniel's house again. We may even be able to get to the bottom of that cold case from 49 years ago."

The Pendant's Secret

The puzzled Watson and Stowe accompanied Holmes to pay another visit to Daniel's home. Answering the door was the old woman with the jittery hands again. Uncertain whether she should let them come in or not, the old woman stared at the men with doubtful eyes after opening the door.

Paying no attention to the old woman's hesitation, Holmes assumed a serious tone and said to her, "Is Mr. Daniel at home? We must see him. It's an important matter."

"He… He is in the garden, but…" stammered the old woman. Just when she

Glossary magnifying glass (名) 放大鏡 whereabouts (名) 行蹤 shrewd (形) 狡猾的、精明的 dangle(d) (動) 懸盪、搖晃、擺動 cold case (名) 懸案 puzzled (形) 困惑的、感到不解的 jittery (形) 顫抖的 stammer(ed) (動) 結結巴巴地說

turned her head back and was about to shout the message to Daniel, Holmes **briskly** thanked the old woman then took the opportunity to help himself into the house.

Although Watson and Stowe thought it was rather rude to **barge in** without the old woman's permission, they quickly followed Holmes for the sake of finding the truth.

The three men walked through the house hurriedly then went straight into the garden, coming face to face with Daniel who just stood up from **tending** the flower beds.

"What brings you back here again?" asked the surprised Daniel.

"We're very sorry to **disturb** you yet again, Mr. Daniel," said Holmes. "I've discovered an important lead on the connection between Sophia and her son, so we've come here to confirm with you."

Glossary briskly (副) 匆匆地、迅速地 barge in (片語動) 闖入 tend(ing) (動) 打理 disturb (動) 打擾

"An important lead about Sophia and her son?"

"Yes. We've found a keepsake that she gave to her son."

"A keepsake?"

"Yes. I'm sure she would recognise it as soon as she sees it," said Holmes as he pulled Stowe's necklace from his pocket and dangled the seashell pendant in front of Daniel.

"This… This is the keepsake?" Daniel seemed greatly **taken aback**, but he quickly **regained** his **composure** and asked Holmes instead, "So what if she had given that to her son? Showing it to me is useless. It's not like I would recognise it."

Glossary take(n) aback (片語動) 使(某人)嚇一跳 regain(ed) (動) 恢復 composure (名) 鎮靜

"Is that so?" With an enigmatic smile on his face, Holmes glanced over to the wind chime under the eaves.

Following Holmes's eyes, Watson glanced over to the wind chime and was stunned speechless after just one look. It was only then that Watson noticed the wind chime was made with strings of seashells!

Could there be a connection between Stowe's pendant and this wind chime? thought Watson as he quietly gave the wind chime's seashells a careful look. Sure enough, one of the seashells looked to have the same size and shape as the pendant. However, the seashell on the wind chime was white in colour, so it could not possibly be paired up with the pendant, which was dark red.

"Mr. Daniel, please be truthful," said Holmes. "I know that you are still in contact with Sophia, otherwise..."

"Otherwise what?" asked Daniel frantically.

"Otherwise," said Holmes as he pointed his finger sharply at the wind chime. "Why would Sophia's half of the seashell be hanging on the wind chime?"

"What?" A hint of disbelief flashed in Daniel's eye, but he quickly shook off the wavering in his heart and said, "I don't know what you're talking about. How could the seashells on my wind chime have anything to do with that pendant? Can't you see that there are no red seashells on the wind chime? How could they be connected at all?"

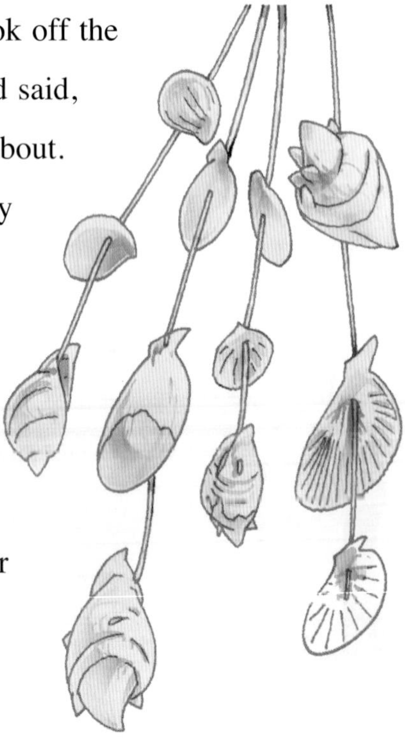

"Aha!" said Holmes with a shrewd chuckle. "It is true that most bivalve shellfish have the same colour on both shells, but there are always exceptions."

"What exception?" asked Stowe who could no

Glossary enigmatic (形) 神秘的、難以捉摸的 wind chime (名) 風鈴 eave(s) (名) 屋簷
frantically (副) 慌張地 wavering (名) 猶豫 bivalve (形) 雙殼的、兩瓣的

longer stand around in silence.

"Like the sun and moon scallop."

"Sun and moon scallop?"

"The sun and moon scallop has an off-white shell on one side and a dark red shell on the other side," explained Holmes. "The red is the sun and the white is the moon. That's why this shellfish is named 'sun and moon scallop'."

"I'm not going to waste my time listening to this rubbish. I've never heard of such a thing called sun and moon scallop!" shouted Daniel with his face flushed red. "Please stop this nonsense and leave my house right now!"

Ignoring Daniel, Holmes walked slowly towards the wind chime then joined the edge of the dark red seashell pendant in his hand together with the edge of one particular white shell on the wind chime, "Look! These shells match perfectly! They are an exact pair!"

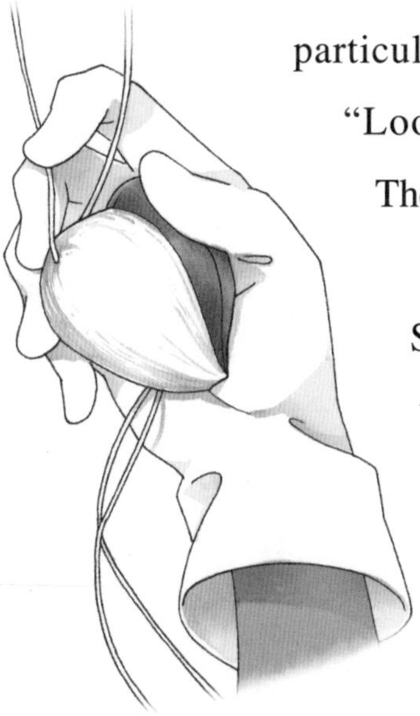

Stowe and Watson leaned forward for a better look. Sure enough, the two shells joined together perfectly without the slightest gap.

"That... That...is just a coincidence..." It was apparent that Daniel was losing confidence in his own words, but he refuted wholeheartedly nevertheless.

"Mr. Daniel, why are you being so uncooperative?" said Holmes as he pointed at Stowe who was standing beside him. "This gentleman here is little Harry, the son who was taken away from Sophia 49 years ago. All Harry wants is to reunite with his birth mother. Why are you not allowing it to happen?"

Glossary scallop (名) 扇貝 coincidence (名) 巧合 refute(d) (動) 反駁、否認 wholeheartedly (副) 盡力地 reunite (動) 團聚

"I... I just..." hesitated Daniel, clearly hiding a big secret.

"Oh..." A gasping cry suddenly sounded from behind. The three men turned around only to find the old woman, who greeted them at the door earlier, stepping out from a dim corner and walking into the garden slowly. With a lamenting moan gushing out from the depth of her throat, she walked shakily towards Stowe then reached out her trembling hand to touch Stowe's face, "Are you... Are you really... my little Harry? I'm sorry... I'm so sorry... I'm so very sorry..."

Glossary hesitate(d) (動) 猶豫　gasping (形) 喘着氣的　dim (形) 昏暗的　lamenting (形) 悲痛的　moan (名) 嗚咽　gush(ing) out (動＋介) 湧出　shakily (副) 顫抖地

"Sophia!" shouted Daniel as he tried ***desperately*** to stop the old woman.

Sophia?

Daniel just called the old woman Sophia! Holmes, Watson and Stowe were all **blown away** by that one word.

"Forget it, Daniel… It's okay…" Tears began to roll down the old woman's face. "I know that you're trying to protect

me, my dear, but it doesn't matter now. If I can reunite with Harry, I'm willing to do anything, even if it means going to jail," said the old woman.

Stowe stared at the old woman with stunned eyes and asked, "You… You are Sophia? You… You are my mother?"

The old woman **nodded** her head and said, "I am Sophia. I am your mother. You were taken away from me 49 years ago."

"Oh! My dear mother!" Overwhelmed with emotions, Stowe and Sophia dove into each other's arms.

Everything was happening so quickly that Watson's head began to spin as questions kept popping up in his mind one after another.

Next time on **Sherlock Holmes** — Behind the unsolved murder of many years lies a heartbreaking story that will bring tears to your eyes.

Glossary desperately (副) 不顧一切地、拚命地 blow(n) away (片語動) 驚訝、嚇倒 nod(ded) (動) 點頭

讀者信箱

大家留家抗疫的時候，有沒有玩上期（50期）隨書附送的「同心抗疫棋」？它不是一般的飛行棋，玩的過程可學習正確的衛生常識，一舉兩得呢。

《兒童的學習》編輯部

讀者意見區

為什麼公主會出賣她的父(視)、小(剮)和森巴。

親　剛

吳韻兒

凱曼將軍讓露娜公主吸了迷幻煙，令她失去意識，只聽從將軍指示。

本期介紹的發電廠小朋友深感興趣，不知可否提供一些參觀發電廠的途徑？
建議可同時配合《兒童的科學》教材套，製作手動發電機，令兩書內容互相緊扣，吸引讀者。

郭匯言

參觀發電廠多由學校或社福機構作團體申請，電力公司偶爾也會舉辦團體導賞，但不接受個人預約。

插圖畫廊

8分
讀者意見區
今期森巴好搞笑 1-10?
《M博士外傳》十分有型(有新髮型)
希望刊登
梁洛榣

讀者意見區
希望刊登
今期的森巴很好看!
許思妤
← 1-10分
8分

讀者意見區
王御心
Hello!
← 1-10分
9分

讀者意見區
希望刊登
今期森巴很好看，
《大偵探福爾摩斯》也很有趣!
陳永寧

讀者意見區
希望(刑)登或中獎
刊
(1-10分)
8分
請評八分
非常期待森巴的最終回
厲河先生、兒童的學習加油
黃至竹

教授蛋答問區

Q1 請問能不能教我製作雪糕呢？

以雲呢拿雪糕為例，將300ml淡忌廉、70g煉奶及1茶匙雲呢拿油倒進大碗中，以電動打蛋器發打至企身，再倒進容器內冷藏最少8小時即成。

提問者：劉卓霖

Q2 為甚麼只有加拿大楓葉可以製造楓葉糖漿？

並不是只有加拿大，美國的楓葉也可生產楓葉糖漿，只是加拿大佔全球產量8成。楓葉糖漿由長於北美一帶的楓樹樹汁提取而成，每40加侖樹汁只可提取1加侖楓葉糖漿，加上營養價值高，故此非常矜貴。

提問者：孔若素

如果大家有任何疑問，也可寫在問卷上寄回來，讓教授蛋解答。

SAMBA FAMILY

Welcome Back, Master!

ARTIST: KEUNG CHI KIT CONCEPT: RIGHTMAN CREATIVE TEAM

Ahh~~ What refreshing weather!!
It'll be so nice to take a walk outside rather than staying at home!
Ho Ho Ho ~~~♪
Ah?
Samba, what exercise are you doing over there?

啊~~天氣清爽!!

外出散步總比留在家好!

呵呵呵~~~♪

啊？

森巴你做甚麼運動？

Gangnam Style~♪
Gangnam Style?

「橄欖」Style~♪

「橄欖」Style？

Gangnam Style~♪
Ho Ho Ho~~~~Ho♪

「橄欖」Style~♪　　呵呵呵~~~~呵♪

FiNiSH!
CLACK
OFF

完！　　卡一　關一

Phew... I should get back to work after finishing the dance...
Phew~
...
...

呼……跳完舞要做正經事了……　　呼~

甜心蜜糖　萌萌　女僕咖啡店

CUTIE
SWEETHEART HONEY
MAID CAFÉ
I'll wait for you to come back, Master~
Delicious Drinks And Snacks ♥
Get Personal Service From Maidservant ♥
Enjoy Like Going Back Home ♥
NEW OPENING SPECIAL
HALF PRICE FOR ALL BILLS

等你回來，主人~

精美飲品及小食♥
女僕貼身侍候♥
令你有回家享受的感覺♥

新張誌慶
全單半價

Everyone is so thirsty after the dance,
Why not come to my shop for drinks?
?
?

大家跳完舞都口渴了，

不如到我的咖啡店
喝杯飲品吧!!

......
Ha Ha~ The weather is so cool today but you're sweating!

哈哈~今天天氣涼爽，你都滿頭大汗！

Here, drink some coke to cool down!

喝罐汽水降溫吧！

No Way !!
Ah!!
Kid, it's unhealthy to drink so much coke!!
Ah... The coke cost me $5...
Huh

不行!!　　呀!!　　小朋友，飲汽水無益呀!!　　呀……我花了5元購買的汽水呀……　　啊

Please come to my cafe for a "Special Nourishing Honey Drink"!
Hey~ You must pay me for the cost of the coke!
Well~ How about you pay a visit to my cafe, and I'll have more maids to serve you?
Huh?

來我的咖啡店飲杯「滋潤蜜糖特飲」吧！　　喂~你要賠償我汽水的價錢！　　嗯~你們在咖啡店消費，我就送您女僕貼身侍候服務，好嗎？　　啊？

My maids are all pretty girls...
Master~♥
Really ?
Come!! Let's ride off Gangnam Style!!
Ho ~~
Can we do it without the horse riding dance...?

這兒的女僕都是美女……　　真的？　　主人~♥　　來吧!!我們一起跳「橄欖」Style出發吧!!　　呵~~　　不跳騎馬舞可以嗎？

萌萌　甜♥

CUTIE
SWEET♥
HONEY
CAFE
Master ♥
Welcome back to the house ♥
!!

蜜糖　咖啡店　主人♥　歡迎回家♥

Are you kidding me!? That's a pretty girl!?
Why is she an aunty!?
She's the most senior maid who has been working here for 50 years...
Please have a seat, Master ♥
Ha

開玩笑嗎？
又說是美女!?
為甚麼是嬸嬸!?
她的年資最老，
在這裏工作了50年……
主人請坐♥
哈

I didn't lie to you, she really was a beauty 50 years ago!!
But if this is a newly opened shop, how has she been working for 50 years...!?
Are there any other maids?
Of course! There are 3 maids on duty today!!

我沒有欺騙你，她真的
是位美女，50年前!!
新開張的話，她又
怎會工作了50年!?
還有沒有其他
女僕？
當然有！今日剛好
有3位當值!!

Her name is Kyoko. She's the best at massaging the customers!!
…

她是今日子，專長是幫客人按摩!!

And here is Gillian. She's good at cooking and making drinks!!

她是阿嬌，廚藝精湛!!

Last is our new temporary "girl" Johnny. Please welcome our customers!!
Hi, Kang Kang ♥

最後是新請的替工莊尼，
快與客人打招呼吧!!

你好，剛剛♥

Why do I always see you no matter where I go, Uncle Johnny!?
I want to earn extra money to pay my electricity bill!!
Don't you think I'm cute??

Darn!! This maid cafe is totally a fraud!!
The items are not as described. Sorry, I'm leaving here, bye!!

為何我經常會見到你，
阿伯莊尼!?

我要賺外快
交電費嘛!!

我可愛嗎？

可惡!!這間女僕
咖啡店是黑店!!

貨不對辦。不好意思，
我走了，拜拜!!

But he has already ordered food...
BANG
Ha

但他已經點餐了……

砰—

哈

You're such a foodie! You ordered so much food, how can I afford that!?
Chew
The meal is on me today as payment for the coke I owe you!!

Everyone!! Please come and serve your Master here!!
Yes Boss!!

你這個大食怪!!點那麼多
食物，我付不起呀!?

嚼

我請你吧，就當
是汽水的賠償!!

大家快來招呼主人!!

是，老闆!!

Master, let me change shoes for you!!
Ah!!
I help you to wear napkin!!
Th... Thanks ...

主人，我幫你換鞋!! 啊!! 我幫你圍餐巾!! 謝……謝……

Ha Ha, looks so good!!
Gulp ~~~
The omelette rice smells so good!
PA
Wait!!

哈哈，好像很美味!! 吞~~~ 香噴噴的蛋包飯! 等等!! 啪—

I haven't cast the "Cutie Magic ♥" for your omelette rice!!
What !?

我還未為蛋包飯施
「萌萌魔法♥」!! 甚麼!?

Um ba lee mo lor hee~
Um ba lee mo lor hee~

嗚吧哩嚀囉嘻~ 嗚吧哩嚀囉嘻~

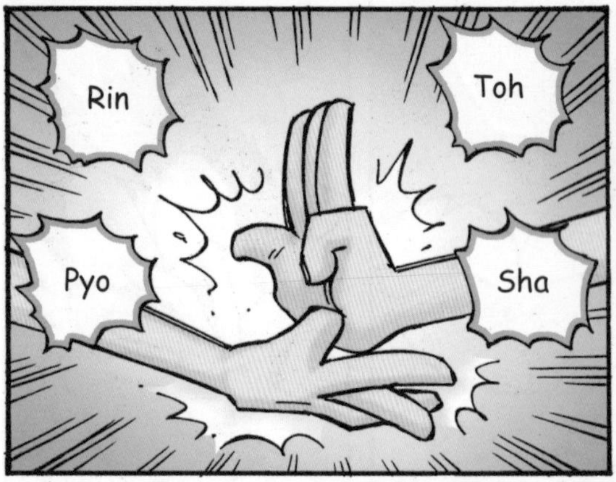
Rin
Toh
Pyo
Sha

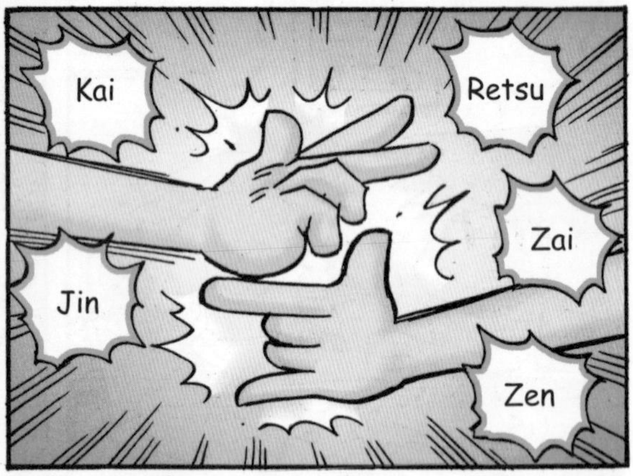
Kai
Retsu
Jin
Zai
Zen

臨 兵 鬥 者 皆 陣 列 在 前

Yummy Yummy Taste So Good ♥
Charm
Wah~ It's dazzling!!

好味好味好好味♥ 鏘— 哇~太耀眼了!!

蛋包飯美味度提升至第二級!!

Yeah!! I finally performed the "Yummy Yummy Taste So Good" Magic successfully!!
The tastiness level of the omelette rice has been upgraded to LV. 2!!
Con-grats!
Clap Clap Clap

耶!!我終於成功施展「好味好味好好味魔法」了!! 恭喜 啪啪啪

……
This is simply an ordinary omelette rice!! It's not delicious at all!!
Awww~ I worked so hard on the magic, why can't you appreciate it?
Look around. Other customers are eating it so happily~

這只是一碟普通蛋包飯!!
完全不好吃!!

嗚~我很用心施法，
只是你不懂得欣賞……

你看看。其他客人
吃得津津有味~

Why does everyone look like they're caught in magic...

是呀~我們有過千種魔法，除了令食物變得美味外，還能令主人日常生活變得更美好!!

Yes~ we have thousands of magic other than making food delicious. We can even make your life better as well!!
I would like to know the details...
CUTIE
Magic Encyclopaedia

他們的樣子好像被施法了……

萌萌
魔法大全

願聞其詳……

For example, "Clean Clean Fragrance Magic".
This makes everything smell good... Even if you are in the toilet, it'll smell lovely!!

例如「香味魔法」。

它能令所有東西散發香味，
即使如廁時也會令你心情舒暢!!

And there's the "Sweet Sweet Sweet Dream Magic" and "Shu Shu Smooth Magic" and...
Enough!! I understand how great your magic is!!
STOP
CUTIE
Magic Encyclo-

Pew
Pew
Pew
Pew
Ahh! That's the "Bu Bu Order Magic" which can repel the insects!!

還有「甜夢魔法」、「暢順魔法」……

停一

夠了!!我已經知道你的魔法有多厲害!!

呼 呼 呼 呼

啊！是可以殺蟲驅蚊的「臭氣魔法」!!

Samba. What are you doing again!?
Hello
My
Dear
Master

森巴，你又做甚麼!?　主 人 你 好

I
Am
SAM
SAM

我 是 森 森

Please
Drink
This
Why is it so dark!? What did you add to the drink!?

請 你 飲

為何黑漆漆的!?
你加了甚麼材料!?

Alright, stop!! You're making me feel disgusted!!

停!! 這讓我感到噁心!!

Looks like this Master doesn't feel good, let's help him out!!

主人看來有點不舒服，
我們幫幫他吧!!

The Combination of 3 Cuties' Big Magic ♥

萌萌三人合體大魔法♥

Um ba lee mo ~
That's smells horrible!! Please get rid of it!!

嗚吧哩嚀~

很臭呀!! 快點拿走它!!

Drink it!!

喝吧!!

Argh ~~

嗚哇~~

Master, do you feel full now?

主人，你吃飽了嗎？

Congratulations, Master! You've collected 10 heart stamps for today!!
?

恭喜主人!你今日已經
集齊了10個心心印!!

Every time a customer finishes their meal, they can get a "heart stamp".
When you collect a certain amount, you can redeem your prize. And the first prize is...
......
A 30-Day Luxury Cruise Tour around the world!!
Wow!! How many stamps do I need to collect to redeem this prize!?

每次客人用餐完畢，都會得到一個「心心印」。

集齊一定數量，就可以換禮品，大獎是……

三十日豪華郵輪環遊世界之旅!!

嘩!!要儲多少個印才換到呢!?

200 million !!
BANG
If you come to the shop everyday and order 100 dishes of food... you'll have enough points in approximately 5000 years!!
By the time you will be ashes already!!

二億個!!

砰—

獎品

如果你每日吃一百碟，大約五千年就會集齊!!

那時你都化灰了!!

Don't worry. If you are unable to redeem the first prize, there are still the second to fifth prizes!!
PRIZE
1st 大獎 | 30-Day Luxury Cruise Tour Around The World 三十日豪華郵輪環遊世界之旅 | 200 million
2nd 二獎 | Super Cutie Dancing Live 超級萌萌歌舞表演 | 10
3rd 三獎 | One Set of Omelette Rice 蛋包飯一客 | 8
4th 四獎 | One Fragrant Sticker (All 36 Types) 香味貼紙一張（全36款） | 4
5th 五獎 | One Air Kiss 飛吻一個 | 2
Obviously, it's a fraud.
Alright!! Let me present you the second prize "Super Cutie Dancing Live"!!
I'd rather get an omelette rice!!

不用擔心，換不到大獎，也可以換二至五獎!!

很明顯，這是一個騙局。

好!!現在為你送上二獎「超級萌萌歌舞表演」!!

我寧願要蛋包飯!!

Ho Ho~~~~ Gangnam Style~♪

HoHoHoHo~~~~♪
Cutie Lady~♪
I really cannot tolerate this anymore...

呵呵~~~~「橄欖」Style~♪

呵呵呵呵~~~~♪ Cutie Lady~♪

我實在忍無可忍了……

CLASH
I will never come to the cafe again!! I'm going crazy!!

Oops sorry lady, are you OK?
I'm fine. It's me who should say sorry to you...

我不會再來這裏!!
我快瘋了!!

啪一

小姐，對不起！
你沒事嗎？

沒事，是我要説
對不起……

Ah!! Are you the new Master!?
My name is Yumi, nice to meet you!!

啊!! 你是新來的主人!?

我叫由美，多多指教!!

Yumi!! You're feeling better now?
Yeah~ After taking medicine, I feel better now!!
I can get back to work now!!
Yumi is our big star, and many fans ask for her service everyday!!
Who should I serve today?

由美!!
你病好了!?
是呀~吃了藥
好多了!!
現在可以
上班!!
由美是我們的明星，
每日都有很多客人來找她!!
今日要為哪位
主人服務?

Yumi ~~ ♥
I miss you so much ♥
I'm glad to know you're fine now ♥
Wah!!
Hey!! I talked to Yumi first!!

由美~~♥
哇!!
我好想你♥
你沒事就好了♥
嘿!!我是第一個
跟由美打招呼的!!

I should be the one served by her!!
Ahh~~
Wah!!
Ahhh~~~ Masters~
Please stop fighting!

應該只為我服務!!
呀~~
哇!!
呀~~~各位主人~
不要打架！

CLASH
Arghhh ~~~~

啪—

呀~~~~

噗—

THUD

!!

Why do you have that look on your faces!?
Why are you surprised that someone who cosplays as a woman is working here!?

你們這是甚麼反應!?

不可以男扮女裝
打工嗎!?

SWISH

?
Oppa Gangnam Style~♪
SWISH
The end...

嗖—

「呵巴橄欖」Style~♪

嗖— 完……

兒童的學習 NO.51

請貼上
$2.0郵票

香港柴灣祥利街9號
祥利工業大廈2樓A室
兒童的學習編輯部收

2020-5-15　▼請沿虛線向內摺。

請在空格內「✔」出你的選擇。

問卷

有關今期內容

Q1：你喜歡今期主題「家居話今昔」嗎？

01☐非常喜歡　02☐喜歡　03☐一般　04☐不喜歡　05☐非常不喜歡

Q2：你喜歡小說《大偵探福爾摩斯——M博士外傳》嗎？

06☐非常喜歡　07☐喜歡　08☐一般　09☐不喜歡　10☐非常不喜歡

Q3：你覺得SHERLOCK HOLMES的內容艱深嗎？

11☐很艱深　12☐頗深　13☐一般　14☐簡單　15☐非常簡單

Q4：你有跟着下列專欄做作品或遊覽嗎？

16☐巧手工坊　17☐簡易小廚神　18☐玩樂地圖　19☐沒有製作或遊覽

請沿實線剪下

讀者意見區

快樂大獎賞：

我選擇（A-I）

只要填妥問卷寄回來，就可以參加抽獎了！

感謝您寶貴的意見。

請沿實線剪下

請在此部分塗上膠水。

請在此部分塗上膠水。

讀者資料

姓名：	男 女	年齡：	班級：
就讀學校：			
聯絡地址：			
電郵：		聯絡電話：	

你是否同意，本公司將你上述個人資料，只限用作傳送《兒童的學習》及本公司其他書刊資料給你？（請刪去不適用者）

同意/不同意　簽署：________________ 日期：______年____月____日

讀者意見收集站

A 學習專輯：家居話今昔
B 大偵探福爾摩斯——M博士外傳⑧濃霧中的燈塔
C M博學：燈塔的故事
D 巧手工坊：自製會發光的燈塔
E 快樂大獎賞
F 成語小遊戲
G 簡易小廚神：台式甜點三色芋圓
H 玩樂地圖：太平山頂
I 知識小遊戲
J SHERLOCK HOLMES：The Silent Mother⑤
K 讀者信箱
L SAMBA FAMILY：Welcome Back, Master!

＊請以英文代號回答**Q5**至**Q7**

Q5. 你最喜愛的專欄：
第 1 位 20______ 第 2 位 21______ 第 3 位 22______

Q6. 你最不感興趣的專欄： 23______ 原因：24______

Q7. 你最看不明白的專欄： 25______ 不明白之處：26______

Q8. 你覺得今期的內容豐富嗎？
27□很豐富 28□豐富 29□一般 30□不豐富

Q9. 你從何處獲得今期《兒童的學習》？
31□訂閱 32□書店 33□報攤 34□OK便利店
35□7-Eleven 36□親友贈閱 37□其他：______

Q10. 你通常會透過哪些途徑購買圖書？（可選多項）
38□正文社網站 39□HKTVmall 40□書店 41□網上書店
42□便利店 43□書報攤 44□香港書展 45□學校書展
46□其他：______

Q11. 你還會購買下一期的《兒童的學習》嗎？
47□會 48□不會，原因：______